Heinrich Groß · Tobit
Judit

Heinrich Groß

# Tobit
# Judit

Echter Verlag

CIP-Kurztitelaufnahme der Deutschen Bibliothek

*Die Neue Echter Bibel.* – Würzburg : Echter Verlag
Teilw. unter Mitarb. von Georg Braulik ...
Kommentar zum Alten Testament mit der Einheitsübersetzung /
hrsg. von Josef G. Plöger ; Josef Schreiner
Lfg. 19. Gross, Heinrich: Tobit. Judit. – 1987
NE: Plöger, Josef G. [Hrsg.]; Braulik, Georg [Mitverf.]; Abt.

*Gross, Heinrich:*
Tobit. Judit. Heinrich Gross. Würzburg : Echter Verlag, 1987.
(Die Neue Echter Bibel : Kommentar zum Alten Testament mit der
Einheitsübersetzung ; Lfg. 19)
ISBN 3-429-01096-9


Gesamtherstellung: Echter Würzburg
Fränkische Gesellschaftsdruckerei und Verlag GmbH
ISBN 3-429-01096-9

# Tobit

# EINLEITUNG

Das Buch Tobit gehört zu den Schriften des AT, die bis heute in der Verkündigung, in Predigt und in Katechese dank der packenden Beispiele aus dem Leben eine bedeutende Rolle spielen und die häufig kommentiert werden. Seine spannungsreiche Erzählung einer anschaulich gestalteten Familiengeschichte gab und gibt oft den Anstoß zu volkstümlicher Auslegung und inspiriert zudem die bildenden Künstler. In der Gegenwart regt Tob überdies zu tiefenpsychologischen Deutungsversuchen an, die seelischen Nöte der Menschen besser zu erkennen und mit Hilfe dieses biblischen Buches Wege zu ihrer Abhilfe zu finden (Drewermann). Doch da das deuterokanonische Buch wenig zur Erhellung von zentralen atl Glaubensaussagen beiträgt, auch im NT nicht erwähnt wird, ist sein eigentlicher theologischer Gehalt bis jetzt nur in bescheidenen Ansätzen erhoben worden.
Die Titelgestalt gehört nach der Erzählung zu den vielen Israeliten, die beim Untergang des Nordreichs 722 v. Chr. von ihrem Heimatboden losgerissen wurden und in das assyrische Exil ziehen mußten. Tobit ist ein schlichter, treuer Jude, der sich auch in der Diaspora an das mosaische Gesetz hält. Weil er in ungewöhnlicher Weise das leibliche Werk der Barmherzigkeit ausübt, umgebrachte Volksgenossen zu bestatten, gerät er öfter in ernste Lebensgefahr. Zudem widerfährt ihm bei seinem wiederholten Tun das Unglück zu erblinden. Das führt ihn in bittere Armut und Not. Sein Hilfeschrei zu Gott um Rettung wird erhört. Gott sendet den Engel Rafael, der unerkannt mit Tobias, dem Sohn Tobits, nach Medien reist, um eine dort hinterlegte Geldsumme abzuholen. Unterwegs gewinnt Rafael für Tobias die von einem Dämon geplagte Sara, die Tochter von Stammesverwandten, als Frau, die auf Weisung des Engels durch ihren künftigen Mann von ihrem Leiden geheilt wird. Tobias feiert daraufhin nach mosaischem Gesetz mit ihr Hochzeit. Nach der Heimkehr kann er auch seinem blinden Vater auf den Rat des Engels das Augenlicht zurückgeben.
Die Geschichte des Textes beweist, daß Tobit bereits in alter Zeit einem lebhaften Interesse begegnete, denn die Textgeschichte stellt sich äußerst kompliziert, ja verworren dar. Die ältesten Fassungen sind griechisch geschrieben. Ob dahinter ein semitisches Original (hebräisch oder aramäisch) steht, ist schwer zu entscheiden. Zudem ist die Veröffentlichung wichtiger hebräischer und aramäischer Handschriftenfunde aus Qumran bis jetzt noch nicht erfolgt. Den sogenannten Vulgärtext (= $G^{I}$) enthalten der Codex Vaticanus und der Codex Alexandrinus (BA); eine ausführlichere Rezension (= $G^{II}$) überliefert der Codex Sinaiticus (S). Eine dieser Textform verwandte Gestalt (= $G^{III}$) bieten für $6^{9}$—$13^{8}$ drei Minuskelhandschriften (zwei aus Ferrara und eine aus Zittau). Die heutige Forschung gibt der kür-

zeren Textform von BA allgemein den Vorzug vor der Rezension S (als Textgrundlage dient A. Rahlfs, Septuaginta I—II $^{7}$1962, I, 1002—1039).

Einen eigenen Weg geht die Textüberlieferung in der Vg. Hieronymus hat den Text nach seiner Vorrede zu Tobit aus einer »chaldäischen« = aramäischen Vorlage, die uns unbekannt ist, ins Lateinische übersetzt. Sein Text weicht vom G-Text erheblich ab. – Die NVg druckt den Codex Vercellensis aus dem 10. Jahrhundert nach. Er steht der Textform der Vetus Latina nahe.

Der Verfasser von Tobit verfügt über die hohe Kunst zu erzählen. Einfach und schlicht in der Sprechweise, schildert er anschaulich und lebendig, hebt er die tragenden Personen profiliert heraus. Dabei will er nicht wirkliche Geschichte schreiben; dafür enthält das Buch zu viele historische Ungereimtheiten. Vielmehr bietet Tob auf dem Hintergrund geraffter Zeitgeschichte religiös-theologische Belehrung, die sein Verfasser beispielhaft an Tobit und an dessen Familie demonstriert. Wegen dieser Eigenart hat die Forschungsgeschichte bisher in manchen Anläufen Tob als Midrasch, als Geschichtsschreibung, als Lehrerzählung, als Legende, als Märchen, als Novelle oder als lehrhaften Roman zu bestimmen versucht, ohne daß die Festlegung auf eine Gattung allgemeine Anerkennung gefunden hat. Bei der Frage nach der Geschichtlichkeit und Geschichtstreue des Buches wird man vor allem auf Achikar $1^{21f}$ $2^{10}$ $11^{19}$ $14^{10}$ verwiesen. Achikar ist die Hauptgestalt eines orientalischen märchenhaften Weisheitsbuches mit folgendem Inhalt: Der weise Achikar, Kanzler der Assyrerkönige Sennacherib und Asarhaddon, adoptiert seinen Neffen Nadab, den er in aller Weisheit unterrichtet und den er Asarhaddon als Nachfolger in seinem Amt empfiehlt. Der undankbare Nadab verleumdet jedoch seinen Pflegevater beim König als Hochverräter. Daraufhin befiehlt der König, Achikar hinzurichten. Der damit beauftragte Beamte rettet ihn aber dadurch, daß er ihn verborgen hält. Schwierigkeiten, die der König von Ägypten Asarhaddon später bereitet, ermöglichen es Achikar, wieder zu Ehren zu gelangen, weil er diese Schwierigkeiten zu meistern imstande ist. Der König liefert ihm den undankbaren Nadab aus, der von Achikar hart gezüchtigt wird und bald danach eines plötzlichen, grauenvollen Todes stirbt. – Fragmente eines Achikarbuches unter aramäischen Papyrusurkunden aus Elefantine in Oberägypten (1911 von E. Sachau herausgegeben) belegen, daß die Achikarerzählung bereits im 5. Jahrhundert v. Chr., also vor Tob existierte und von Hause aus nichtjüdischen Ursprungs ist.

Dagegen ist Achikar in Tob Jude und in den Stammbaum Tobits einbezogen. Als dessen Neffe gehört er zum gleichen Vaterhaus wie Tobit selbst. Als Angehöriger des Stammes Naftali erleidet er ebenfalls das Schicksal der Deportation. Wie Tobit zeichnet er sich durch sein solidarisches Handeln an seinen Volksgenossen aus. Auch das Lebensgeschick beider Gestalten weist verwandte Züge auf: Beide be-

kleiden ein hohes Amt am königlichen Hof; beide geraten in tiefe Not, aus der sie dank ihrer tätigen Barmherzigkeit gerettet werden. Beide werden als »Weise« vorgestellt, die ihre Kompetenz in Lehrreden unter Beweis stellen. Noch weitere Gemeinsamkeiten legen es nahe, daß der außerbiblische Achikar wegen seines vergleichbaren Schicksals in die Tobiterzählung aufgenommen wurde und seine Erlebnisse ihren Grundlinien angepaßt wurden. Trotz seines höheren Ranges am Königshof bleibt er auf die Zentralgestalt Tobit hingeordnet. Einen zusätzlichen Grund für die Übernahme der Ereignisse um Achikar durch den Verfasser von Tob bildet die Verwandtschaft des Achikarromans mit der biblischen Josefserzählung Gen 37 39—50. Wahrscheinlich wurde sogar über Achikar erst eine Beziehung von Tob zur Josefsgeschichte hergestellt. So wird Achikar schließlich auf diesem Umweg in die Genealogie Tobits eingereiht und damit in die Geschichte des Volkes Israel eingegliedert. Vielleicht erfolgte die Bearbeitung der Grunderzählung von Tob, in der die Ereignisse um Achikar in das Buch eingefügt wurden, zu Beginn des 2. vorchristlichen Jahrhunderts in Ägypten, möglicherweise in Alexandria.
Insgesamt erweckt die Darstellung von Tob keineswegs den Eindruck, daß sein Verfasser in zeitlicher Nähe zu den geschilderten Begebenheiten lebt und schreibt. Tobit selbst kommt als Verfasser nicht in Betracht. $13^{11}$ ist die Rede davon, daß der Tempel in Jerusalem wiederaufgebaut werden soll. Damit werden wir auf die Zeit des Exils und kurz nach dem Exil verwiesen. Nach $14^{5}$ kennt der Verfasser den Tempel Serubbabels, nicht jedoch die Entweihung des Heiligtums durch Antiochus IV. Epiphanes (175—164). Daher kommt als Zeit der Entstehung des Buches wohl die Epoche zwischen der nachexilischen Restauration der Gemeinde Israel bis zur makkabäischen Erhebung in Frage. Auch die Tatsache, daß die im Buch empfohlene Ehe mit Angehörigen desselben Stammes $4^{12f}$ $6^{12}$ im 1. Jahrhundert v. Chr. außer Brauch kam, mag auf das 2. vorchristliche Jahrhundert als wahrscheinlichste Entstehungszeit von Tob hinweisen.
Die komplexe Entstehung von Tob läßt sich nach der heutigen Forschungslage überdies dadurch verständlich machen, daß eine enge stoffliche Verwandtschaft zwischen Tob und dem »Märchen vom dankbaren Toten« oder dem »Märchen vom dankbaren Geist« besteht, für dessen breite Streuung K. Simrock bereits 1856 siebzehn Beispiele anführte. Folglich wird man davon ausgehen dürfen, daß die Vorlage in Tob und das Märchen vom dankbaren Toten sich gegenseitig beeinflußt haben. In der armenischen Fassung (vorgelegt von v. Haxthausen 1856) hat das Märchen vom dankbaren Geist folgenden Inhalt: Ein wohlhabender Reisender trifft in einem Wald Männer, die einen bereits Verstorbenen an einem Baum aufgehängt haben. Auf die Frage, warum sie den Toten so entweihen, antworten sie, er sei ihnen Geld schuldig geblieben. Daraufhin bezahlt der Reisende die ausstehende Schuld und begräbt den Toten. – In seiner Va-

terstadt wohnt ein reicher Mann, Vater einer einzigen Tochter, die dieser gern verheiraten möchte. Schon fünf Männer waren in der Hochzeitsnacht gestorben; keiner wagte es daher mehr, um sie zu freien. Der Vater wirft angesichts solcher Not sein Auge auf den arm gewordenen Mann, der den Toten bestattet hatte. Der bittet sich voller Zweifel Bedenkzeit aus. Zu ihm kommt bald danach ein Fremder und bietet sich ihm als Diener an: »Wie sollte ich dich in Dienst nehmen, da ich ja so arm bin, daß ich mich kaum selbst ernähren kann.« »Ich verlange von dir keinen Lohn, keine Kost, sondern nur die Hälfte von deinem künftigen Hab und Gut.« So wurden sie einig. – Der Diener rät zur angebotenen Heirat. – In der Hochzeitsnacht stellt er sich dann mit einem Schwert in das Brautgemach. »Was willst du?« »Du weißt, nach unserem Übereinkommen gehört mir die Hälfte von all deinem Hab und Gut; ich will das Weib jetzt nicht, aber ich will hier frei stehenbleiben.« Als die Neuvermählten schlafen, kriecht eine Schlange aus dem Mund der Braut hervor, um den Bräutigam zu töten. Allein der Diener haut ihr den Kopf ab und zieht sie heraus. Nach einiger Zeit verlangt der Diener die Teilung von allem Hab und Gut; alles wird geteilt. Nun fordert er auch die Hälfte des Weibes. »Sie soll, den Kopf nach unten, aufgehangen werden, ich werde sie mittendurch spalten.« Da gleitet ihr die zweite Schlange aus dem Mund heraus. Daraufhin spricht der Diener: »Es war die letzte, von nun an kannst du ohne Gefahr und glücklich mit deinem Weibe leben. Ich aber fordere von dir nichts; ich bin der Geist des Mannes, dessen Leichnam du einst von der Schande und Qual des Schlagens errettet und fromm begraben hast«, und er entschwand.

Eine ganze Reihe von überraschend gemeinsamen Elementen läßt sich im Märchen und in Tob zusammenstellen. Dabei sind allerdings auch beachtliche Unterschiede nicht zu verkennen, vor allem ist die Tatsache belangvoll und entscheidend, daß in Tob der vorgegebene Stoff in den Offenbarungsglauben integriert, auf Jahwe konzentriert und damit einem neuen Aussagezweck dienstbar gemacht wird. Denn der Verfasser von Tob hat das Märchen von Grund auf umgearbeitet und bringt seinen Inhalt in das bekannte biblische Schema: »Not des Menschen – Schrei zu Jahwe – Hilfe durch Jahwe« ein, das Grundlage für die Komposition von Tob überhaupt wird. Dadurch wird die in sich abgeschlossene Welt des Märchens aufgebrochen, das erzählte Geschehen auf den Mittelpunkt Jahwe zentriert und in den Kontext der atl Offenbarung eingebracht.

Dazu lehnt der Verfasser von Tob sich in einem weiteren Schritt an die Brautwerbung für Isaak (Gen 24) an; durch Einbezug dieser Erzählung wird der Märchenstoff in seinem Inhalt, in seinem Ziel und in seiner Form erneut und gänzlich umgestaltet. Allerdings ist bei dieser Verfahrensweise nicht zu verkennen, daß die Darstellungslinie in Gen 24 nur einen Erzählstrang aufweist, Tob in seinem Aufbau dagegen doppelsträngig (Tobit und Sara) angelegt ist. Zu Gen 24 treten in

Tob dann noch Formelemente aus Gen 17 Ri 6 und 13. Zu bedenken bleibt ferner, daß die Basis des Märchenstoffes bereits in ihrer vorliterarischen Existenz von Israel angenommen und judaisiert, erst in dieser gewandelten Form vom Verfasser von Tob aufgenommen und zur heutigen Erzählung literarisch ausgestaltet wird. Ihr Verfasser war sowohl mit der volkstümlichen als besonders auch mit der biblischen Überlieferung vertraut; er imponiert durch die in sich geschlossene, verständlich und konsequent durchgeführte, gewandelte und nunmehr tief theologisch konzipierte Darstellung seiner Erzählung. Diese so geschaffene Grundform von Tob wurde bis zur heutigen Gestalt in BA sicher einmal bearbeitet und erweitert. Nach Deselaers (S. 308) treten zu dieser Bearbeitung noch zusätzliche drei Erweiterungsschichten. – Sicheres über den Ort der Entstehung von Tob ist bis jetzt kaum auszumachen. Während sich früher die überwiegende Mehrzahl der Ausleger für Palästina als Heimat des Buches ausgesprochen hat, plädiert Deselaers mit gewichtigen Gründen für Alexandria in Unterägypten als Entstehungsort von Tob (S. 330–343).

Aus den bisherigen Darlegungen geht eindeutig hervor, daß der Verfasser von Tob nicht exakt über historische Ereignisse informieren, sondern vielmehr religiös-sittliche Belehrung in seiner Lehrschrift mit parabolischer Darstellungsweise geben will. Er kleidet seine Lehren in das Lebensschicksal des gesetzestreuen Tobit und seiner Familie ein; damit wendet er sich an alle Angehörigen des Gottesvolkes in der Diaspora, die dort auf sich allein gestellt sind und die des Schutzes der Gemeinschaft entbehren. Grundüberzeugung von Tob wird so die Maxime: Steht der einzelne Israelit in solcher Lage treu zu Gott und zu der Tora, auch in der Verfolgung, hält er die Verbindung zu seinem Volk und zu den Überlieferungen der Väter lebendig, wendet er sich in jeder Drangsal hilfesuchend an Gott, dann wird Gott ihn immer aus seiner Notlage erretten. In Tob wird das rettende Eingreifen Gottes in Ehe und Familie vielfältig, ja umfassend geschildert. Demnach behandelt Tob die in der Entstehungszeit des Buches Israel besonders bedrängende Frage, wie der einzelne Angehörige des Gottesvolkes sich in der Diaspora, in einer oft fremden und feindseligen Umwelt, zu verhalten hat, um Gottes Hilfe zu erlangen.

Theologisch legt der Verfasser des Buches dabei in seinem Vorgehen nach Leitworten den Nachdruck seiner Ausführungen auf drei zentrale Verhaltensweisen des Menschen, denen die entsprechende Reaktion Gottes korrespondiert:

Wege des Menschen – Gottes Wege
Solidarisches Handeln des Menschen, vor allem als Barmherzigkeit – Gottes Größe und Güte
Lobendes Danksagen durch den Menschen – Gott in seiner Heil schaffenden Kraft

(vgl. Deselaers S. 343–373).

Insgesamt geht es nicht so sehr darum, auf den Unterschied des menschlichen Handelns im Verhältnis zu Gott hinzuweisen, sondern vielmehr darum, die aufgezeigte Entsprechung zwischen dem gotttreuen Menschen und dem rettenden Gott hervorzuheben. Als Summe der Lehren von Tob ist folglich die Forderung Gottes an den Menschen zu ziehen, daß er sich an das Gesetz zu halten hat, vor allem ständig Gerechtigkeit und Barmherzigkeit üben und so in allen Lagen gottgemäß leben soll. Dann kann er der rettenden Hilfe Gottes allzeit sicher sein.

# LITERATURHINWEISE

*Kommentare:* H. Bückers, Die Bücher Esdras, Nehemias, Tobias, Judith und Esther, Freiburg 1953; A. Clamer, Tobie, La Sainte Bible IV, Paris 1952; E. Drewermann – J. Neuhaus, Voller Erbarmen rettet er uns. Die Tobit-Legende tiefenpsychologisch gedeutet, Freiburg 1985; R. Galdos, Commentarius in librum Tobit (CSS 12/1) Paris 1930; J. Goetmann, Tobie. Livre des fiancés et des pélerins, Brügge 1966; Ch.-L. Koehlhoeffer, Le livre de Tobit, Strasbourg 1976; M. Lackmann, Tobit und Tobias. Das Wirken Gottes durch seine Engel, Aschaffenburg 1971; M. Löhr, Das Buch Tobit, in: E. Kautzsch, Die Apokryphen und Pseudepigraphen des AT I, Darmstadt $^{1}$1962, 135–147; A. Miller, Das Buch Tobias (HSAT IV) Bonn 1940; R. Pautrel, Tobie, La Sainte Bible, Paris 1968; N. Poulssen, Tobit (BOT) Roermond 1968; G. Priero, Tobia, SB (T), Turin-Rom 1963; A. Scholz, Commentar zum Buche Tobias, Würzburg-Wien 1889; M. Schumpp, Das Buch Tobias, Exegetisches Handbuch, Münster 1933; F. Stummer – H. Groß, Das Buch Tobit (Tobias) (EB) Würzburg $^{4}$1970; F. Zimmermann, The book of Tobit, New York 1958.

*Abhandlungen:* D. Barsotti, Meditazione sul libro di Tobia (BibLi 13) Brescia 1969; H. Conzelmann, Apokryphen, Enzyklopädie des Märchens I, 628–662, Berlin 1977; P. Deselaers, Das Buch Tobit. Studien zu seiner Entstehung, Komposition und Theologie (OBO 43) Freiburg/Schweiz-Göttingen 1982; A. A. Di Lella, The Deuteronomic Background of the Farewell Discourse in Tob $14^{3-11}$, CBQ 41 (1979) 380–389; H. Gärtner, Novelle, Der Kleine Pauly IV, 174f, 1979; Ders., Roman, Der Kleine Pauly IV 1451–1454, 1979; J. Gamberoni, Die Auslegung des Buches Tobias in der griechisch-lateinischen Kirche der Antike und der Christenheit des Westens bis um 1600 (StANT 21) München 1969; T. F. Glasson, The Main Source of Tobit, ZAW 71 (1959) 275–277; R. Hanhart, Text und Textgeschichte des Buches Tobit, Göttingen 1984: zu R. Hanhart, Tobit, Septuaginta VIII, 5, Göttingen 1983; A. F. von Haxthausen, Transkaukasia I, Leipzig 1856; W. Kornfeld, Unbekanntes Diasporajudentum in Oberägypten im 5./4. Jahrhundert v. Chr., Kairos NF 18 (1976) 55–59; H. Lamparter, Die Apokryphen II, Stuttgart 1972; J. Lebram, Die Peschitta zu Tobit $7^{11}$–$14^{14}$, ZAW 69 (1957) 185–211; Ders., Die Weltreiche in der jüdischen Apokalyptik. Bemerkungen zu Tobit $14^{4-7}$, ZAW 76 (1964) 328–331; S. Liljeblad, Die Tobiasgeschichte und andere Märchen mit toten Helfern, Lund 1927; G. Mayer, Die Funktion der Gebete in den atl Apokryphen, Theokratia II – FS K. H. Rengstorf, Leiden 1973; J. T. Milik, La Patrie de Tobie, RB 73 (1966) 522–530; F. Nau, Histoire et sagesse d' Ahikar l'Assyrien . . . Document pour l'étude de la Bible 2, Paris 1909; R. Pautrel – M. Lefebvre, Trois Textes de Tobie sur Raphael, RSR 39 (1951/52) 115–124; M. Plath, Zum Buch Tobit, ThStKr 74 (1901) 377–414; A. Rahlfs, Septuaginta I–II, Stuttgart $^{7}$1962; E. Ranke, Asmodeus, Enzyklopädie des Märchens I, Berlin 1977; L. Ruppert, Das Buch Tobias – Ein Modellfall nachgestaltender Erzählung, FS J. Ziegler, FzB 1, Würzburg 1972, 109–119; D. C. Simpson, The book of Tobit; in: R. H. Charles, The Apocrypha and Pseudepigrapha of the OT in English I, Oxford 1963; K. Simrock, Der gute Gerhard und die dankbaren Todten, Bonn 1856;

W. von Soden, Fischgalle als Heilmittel für Augen, AfO 21 (1966) 81–82; A. Totzke, Tobias oder Der Weg zum wahren Glück, Kreuzring-Bücherei 37, Trier 1964; P. Vetter, Das Buch Tobias und die Achikar-Sage, ThQ 86 (1904) 321–364; 512–539; ThQ 87 (1905) 321–370; 497–546; H. Weskott, Tobias, Lexikon der christlichen Ikonographie. Allg. Ikonographie IV, Freiburg 1972; F. Zorell, Canticum Tobiae (Tob $13^{1-18}$) VD 5 (1925) 298–300.

## EINLEITUNG: $1^{1-2}$

1 [1] Buch der Geschichte Tobits.
Tobit war der Sohn Tobiëls, des Sohnes Hananels, des Sohnes Aduëls, des Sohnes Gabaëls. Er gehörte zum Geschlecht Asiëls und zum Stamm Naftali. [2] Zur Zeit des assyrischen Königs Salmanassar wurde er als Gefangener aus Tisbe verschleppt, einem Ort südlich von Kedesch-Naftali in Galiläa, oberhalb Hazor.

2 Kön $17^{1-23}$ $18^{9-11}$

## DIE ANFECHTUNG UND NOT TOBITS: $1^3–3^{17}$

### *Tobit in der Heimat:* $1^{3-9}$

[3] Ich, Tobit, habe mich mein ganzes Leben lang an den Weg der Wahrheit und Gerechtigkeit gehalten, und ich habe den Brüdern aus

$1^1$ EÜ folgt der Textform $G^I$ (s. Einleitung).

$1^{1f}$ Entsprechend der Gepflogenheit der nachexilischen Zeit wird Tob mit einer Überschrift eröffnet, die seinen Inhalt und seine Absicht anzeigt. »Buch der Geschichte«, wörtlich »Buch der Worte« greift auf den oftmaligen Gebrauch zurück, wonach »Wort« im Sinne von »Begebenheit« und »Ereignis« verstanden wird. Tobit ist die um t erweiterte Kurzform »Tobi« des Namens »Tobijjah(u) = »Jahwe ist gütig«. Die Namensform Tobias wird in G dem Sohn vorbehalten, während die Vg mit Tobias gleicherweise Vater und Sohn bezeichnet. In der NVg wird der Vater Thobi, der Sohn Thobias genannt. Von den aufgeführten Vorfahren ist nur Asiël als Sohn Naftalis Gen $46^{24}$ Num $26^{48}$ 1 Chr $7^{13}$ bezeugt. Bei dem[2] erwähnten assyrischen König handelt es sich um Salmanassar V. (727–722); allerdings verschleppte erst dessen Sohn Sargon (722–705) die Stämme des Nordreichs nach Assyrien. Salmanassar begann jedoch die dreijährige Belagerung von Samaria; er starb kurz vor der Einnahme der Stadt. Daher blieb er den Juden als der eigentliche Zerstörer des Nordreichs Israel lebhaft in Erinnerung, im Gegensatz zu seinem Sohn Sargon, der das Unternehmen seines Vorgängers nur zu Ende führte. Die Bevölkerung von Galiläa war zum großen Teil schon 734/3 unter Tiglat-Pileser III. (745–727) deportiert worden. An dieser Deportation war der Kronprinz Salmanassar wohl maßgebend beteiligt, vgl. 2 Kön $15^{29}$. Tisbe hat mit der gleichnamigen Heimat des Propheten Elija, die in Gilead im Ostjordanland liegt, nichts zu tun. Kedesch meint die Jos $12^{22}$ $19^{37}$ $20^7$ erwähnte Priesterstadt, nördlich von Safed gelegen. Ausgrabungen auf dem Tel-el Kedach 1955–1958 und 1968 haben die herausragende Bedeutung von Hazor in Obergaliläa bestätigt, vgl. Jos $11^{10-13}$ 1 Kön $9^{15}$ 2 Kön $15^{29}$. Tisbe selbst konnte bis jetzt archäologisch noch nicht identifiziert werden.

[3] gibt den Inhalt von [4–22] wieder. In [3] setzt die Form des Ich-Berichts ein, der bis [15] reicht. Mit zwei Brennpunkten: Weg der Wahrheit und Gerechtigkeit dem göttlichen Gesetz, tätige solidarische Barmherzigkeit

meinem Stamm und meinem Volk, die mit mir zusammen in das Land
der Assyrer nach Ninive gekommen waren, aus Barmherzigkeit viel
geholfen. 4 Als ich noch in meiner Heimat im Land Israel lebte – ich
war damals ein junger Mann –, sagte sich das ganze Geschlecht mei-
nes Stammvaters Naftali vom Tempel in Jerusalem los. Jerusalem war
die Stadt, die aus dem ganzen Stammesgebiet Israels auserwählt wor-
den war, damit alle Stämme dort ihre Opfer darbrachten; dort war
der Tempel, die Wohnung des Allerhöchsten, für alle Geschlechter
und für alle Zeiten geweiht und gebaut worden. 5 Alle Stämme, die
sich losgesagt hatten, opferten dem Stierbild des Baal, auch das Ge-
schlecht meines Stammvaters Naftali. 6 Nur ich zog immer wieder zu
Ex $23^{17}$ $34^{23}$ den Festen nach Jerusalem, wie es ganz Israel durch ewige Satzung
vorgeschrieben ist. Ich brachte die Erstlinge, die Zehnten der Feld-
Num $18^{24-32}$ früchte und die Wolle von der ersten Schafschur mit 7 und gab sie den
Dtn $14^{22}$ $18^{4}$ Priestern, den Söhnen Aarons, für den Altar. Den ersten Zehnten al-
ler Feldfrüchte gab ich den Leviten, die in Jerusalem Dienst taten.

$1^{4}$ Jerusalem war die Stadt: des besseren Anschlusses wegen eingefügt.

den Volksgenossen gegenüber wird die Frömmigkeit des Tobit summarisch umrissen.

$^{4f}$ wird in geraffter Geschichtsdarstellung die religiöse Situation des Stammes Naftali beschrieben. Der gesamte Stamm wird mit dem Nordreich abtrünnig und sagt sich vom Tempel in Jerusalem los. Damit wird auf das Schisma Jerobeams I. (930–910) hingewiesen, der eigene Tempel in Bet-El und Dan errichten und im Gegensatz zum Tempel in Jerusalem Jahwe dort in der Gestalt von verpönten Stierbildern verehren ließ, um so seine Untertanen von der Wallfahrt nach Jerusalem abzuhalten und abzubringen, vgl. 1 Kön $12^{26-29}$. Hier ist nur von einem Stierbild die Rede, wahrscheinlich von dem im Heiligtum zu Bet-El, das im AT am häufigsten erwähnt wird. Obwohl die Stierbilder ursprünglich Jahwe darstellen sollten Ex $32^{4-6}$ 1 Kön $12^{28}$, entartete dieser gegen das Bilderverbot gerichtete und daher vor allem von den Propheten verurteilte Jahwekult (Ex $20^{4}$ Dtn $5^{8}$) schnell in religiösen Synkretismus und in ausgesprochenen Dienst des Gottes Baal, der als Fruchtbarkeitsgott in Gestalt des Stieres allenthalben in der Umwelt Israels verehrt wurde. Zudem führte Ahab (873–853) im Nordreich offiziell den Kult des Baal von Tyrus ein 1 Kön $16^{31}$ $18^{18}$.

$^{6-8}$ In hyperbolischer Weise bekennt Tobit von sich, daß er allein der Wallfahrtspflicht nach Jerusalem immer wieder nachgekommen ist. Diese Übertreibung wird $5^{14}$ korrigiert. Des weiteren ist ausführlich von seiner korrekten Erfüllung der Zehntpflicht die Rede. Einen bemerkenswerten Zug trägt $^{8}$ in das Lebensbild des Tobit ein. Danach wird seine Gesetzestreue auf den Einfluß seiner Großmutter Debora zurückgeführt. Sonst wird nur an den seltenen Stellen Spr $31^{1}$ und 2 Makk $7^{1-41}$ von der Bedeutung der Frau für die religiöse Erziehung der Kinder gesprochen. Mit dieser Tätigkeit wird den verwandten Frauen eine neue Aufgabe für den Fall der Verhinderung der Eltern in der Erziehung ihrer Kinder zuerkannt. Auch der Name der Großmutter Debora, nach

Den zweiten Zehnten verkaufte ich und verwendete den Erlös alljähr-
lich für meine Wallfahrt nach Jerusalem. 8 Den dritten Zehnten gab Dtn $14^{28f}$
ich denen, für die er bestimmt war, wie es Debora, die Mutter meines $26^{12}$
Vaters, geboten hatte; denn ich war nach dem Tod meines Vaters
völlig verwaist. 9 Als ich ein Mann geworden war, heiratete ich
Hanna, die aus dem Geschlecht unseres Vaters stammte, und wir be-
kamen einen Sohn, den wir Tobias nannten.

### *Tobit in der Verbannung:* $1^{10-22}$

10 In der Gefangenschaft in Ninive aßen die Brüder meines Stammes
und alle Leute meines Volkes von den Speisen, die auch die Heiden
aßen. 11 Ich aber hütete mich, davon zu essen, 12 denn ich dachte mit
ganzem Herzen an Gott. 13 Der Höchste schenkte mir Gunst und An-
sehen bei Salmanassar, und ich wurde Einkäufer am Hof. 14 Dabei

$1^{13}$ Einkäufer am Hof, wörtlich: sein Einkäufer.

Ri $4^{4-6.9}$ Benennung der gleichnamigen Prophetin aus dem Stamm Naftali, zeigt auf ihre Wertschätzung und damit ganz allgemein auf die Verbindung mit der Verwandtschaft hin, ein Kerngedanke in Tob. Die zusammengefaßte Geschichte seines Stammes als Geschichte des Abfalls erhält so ihr leuchtendes Gegenbild im Verhalten des Tobit selbst, der sich trotzdem ein Leben lang solidarisch in seine Stammesgemeinschaft eingebunden und der sich vor allem in seiner Gesetzestreue vor Gott verantwortlich weiß. Diese beiden Wesenszüge kennzeichnen in besonderer Weise das Charakterbild der Titelgestalt von Tob.

9 In einem Neueinsatz wird Tobit mit Blick auf seine Familie, zu der seine Frau Hanna und sein Sohn Tobias gehören, als seinem fundamentalen Lebensbereich zusätzlich charakterisiert. Als bemerkenswerter Beweis für seine Gesetzestreue wird seine Ehe mit einer Angehörigen der eigenen Sippe gewertet. Darin folgt er dem Beispiel der Patriarchen Gen $24^{7.37f}$ $28^{2-9}$ $29^{19}$. Auch Judit $8^{2}$ hält sich an das Gesetz der Endogamie. 10–12 Ein weiterer Zug, der für das eigenständige Leben der Israeliten in der Fremde, vor allem in der Spätzeit besonders belangvoll wird, ist die Treue zu den Speisegesetzen. Manche Speisen der Heiden sind unrein Ez $4^{13}$ Hos $9^{3f}$, weil sie als Götzenopfer dienten Ex $34^{15}$, vgl. Apg $15^{29}$ $21^{25}$, weil sie von unreinen Tieren stammten, z. B. von Schweinen Dtn $14^{3-21}$, oder weil sie auf eine verbotene Art zubereitet waren Ex $23^{19}$. Wie Daniel und seine Gefährten (Dan $1^{8}$) enthält sich auch Tobit aus tiefer Ehrfurcht vor Gott und in peinlich genauer Treue zum göttlichen Gesetz solcher Speisen. 13f Die seltene Bezeichnung Gottes als des »Höchsten« verbindet Tob mit Dan $4^{29.31}$ $5^{18.21}$; sie fungiert hier als Eigenname für den einen Gott Jahwe. Wie bei Daniel belohnt Gott auch die Treue des Tobit dadurch, daß er ihn zu einer einflußreichen Stellung bei Hofe gelangen läßt: Er wird der Intendant des Königs, der den Bedarf für die köngliche Hofhaltung einzukaufen hatte. Diese herausragende Beamtenstelle dürfte mit einem hohen Einkommen dotiert gewesen sein. Die 14 geschilderte Reise des Tobit steht wohl im Zu-

kam ich auf einer Reise auch nach Medien und vertraute Gabaël, dem Bruder des Gabrija, in der Stadt Rages in Medien zehn Talente Silber zur Aufbewahrung an. [15] Als Salmanassar starb, wurde sein Sohn Sanherib an seiner Stelle König. Seine Regierungszeit war von Unruhen erfüllt, und ich konnte nicht mehr nach Medien reisen.

[16] Schon zur Zeit Salmanassars hatte ich den Brüdern meines Stammes aus Barmherzigkeit viel geholfen: [17] Ich gab den Hungernden mein Brot und den Nackten meine Kleider; wenn ich sah, daß einer aus meinem Volk gestorben war und daß man seinen Leichnam hinter die Stadtmauer von Ninive geworfen hatte, begrub ich ihn. [18] Ich begrub heimlich auch alle, die der König Sanherib hinrichten ließ, nachdem er wie ein Flüchtling aus Judäa heimgekehrt war. Denn viele ließ er in seiner Wut hinrichten. Wenn aber der König die Leichen suchen ließ, waren sie nicht mehr zu finden. [19] Ein Einwohner von Ninive ging jedoch zum König und erstattete Anzeige; er sagte, ich sei es, der sie begrabe. Deshalb mußte ich mich verstecken. Als ich erfuhr, daß man mich suchte, um mich zu töten, bekam ich Angst und floh. [20] Damals wurde mir meine ganze Habe geraubt, und es blieb mir nichts mehr als nur meine Frau Hanna und mein Sohn Tobias.

1 16 Meines Stammes, mit $G^{II}$.

sammenhang mit den Aufgaben seines Amtes. Dabei werden friedliche Verhältnisse zwischen Assyrien und Medien und überdies das Bestehen einer jüdischen Diaspora in Medien vorausgesetzt. Das trifft allerdings für die Regierungszeit der assyrischen Könige Salmanassar, Sargon und Sanherib – den historischen Hintergrund von Tob – noch nicht zu, sondern erst für die viel spätere Abfassungszeit des Buches. Rages lag im Innern von Medien; heute ist sein Name in der Ruinenstätte Ra'i, 13 km südöstlich von Teheran, erhalten. Bei der stattlichen Summe von 10 Silbertalenten (= ca. 75 000 DM) handelt es sich um eine Geldanlage, die Tobit als vermögenden Mann ausweist. 15 Sanherib (705–681) ist in Wirklichkeit der Sohn Sargons, nicht aber Salmanassars, was wiederum auf die verkürzte und geraffte Geschichtsperspektive des Buches hindeutet, das insgesamt nicht historisch exakt informieren will, sondern theologisch verstandene und gedeutete Geschichte bietet. Mit diesem Geschichtsverständnis wird jene zentrale Linie israelitischer Geschichtsschau fortentwikkelt, die in der Initiative und Aktivität Gottes das Hauptelement des Geschehens überhaupt sieht. 13–15 dienen als Auslösefaktor für die folgende Erzählung.

16f stellen Tobit in seiner beispielhaften Nächstenliebe dar. Zwei wichtige Werke der leiblichen Barmherzigkeit leiten hinüber zu dem für ihn entscheidenden Tun der Bestattung verstorbener Volksgenossen. 18f Tobit setzt diese Tätigkeit auch an den Opfern der Judenverfolgung des rachsüchtigen Königs Sanherib fort, also unter Umständen, wo es gefährlich war, vgl. 2 Kön 18f Jes 36f. Nach einer Anzeige beim König verbarg Tobit sich und floh; sein ganzes Vermögen wurde konfisziert. 20–22 Die bald folgende Ermordung des Sanherib, vgl. 2 Kön 19 37 2 Chr

[21] Doch es dauerte nicht einmal fünfzig Tage, da wurde Sanherib von
seinen beiden Söhnen ermordet. Sie mußten in das Gebirge Ararat
fliehen, aber dann wurde sein Sohn Asarhaddon an seiner Stelle Kö-
nig. Er machte Achikar, den Sohn meines Bruders Hanaël, zum
Herrn über das ganze Rechnungswesen und die ganze Verwaltung
seines Reiches. [22] Weil Achikar ein gutes Wort für mich einlegte,
durfte ich nach Ninive zurückkehren. Achikar war Mundschenk und
Siegelbewahrer sowie Bevollmächtigter für die Verwaltung des Rei-
ches und das Rechnungswesen. Asarhaddon hatte ihm, meinem Nef-
fen, die zweithöchste Stelle in seinem Reich verliehen.

## *Tobits Erblindung:* $2^{1-10}$

2[1] Als ich heimkehrte und meine Frau Hanna und mein Sohn Tobias
mir wiedergeschenkt waren, veranstaltete man mir zu Ehren am
Pfingsttag – dem Fest der Sieben Wochen – ein Festmahl. [2] Ich setzte
mich zu Tisch; als ich aber die vielen Speisen sah, sagte ich zu mei-
nem Sohn: Geh zu unseren Brüdern, und wenn du einen Armen fin-
dest, der dem Herrn treugeblieben ist, bring ihn her; ich warte auf
dich. [3] Er kam zurück und sagte: Auf dem Marktplatz liegt einer von
unserem Volk, den man erdrosselt hat. [4] Ich sprang auf, noch ehe ich
etwas gegessen hatte, und verbarg den Toten bis zum Sonnenunter-
gang in einer Hütte. [5] Nach meiner Rückkehr wusch ich mich und aß

$2^{3}$ Auf, der griech. Text hat voraus die Anrede: Vater.

32[21] Jes $37^{38}$, brachte dann für Tobit eine Wende zum Besseren. Denn der Sohn Sanheribs, Asarhaddon (681–669) bestellte den Juden Achikar zum Vizekönig. Ursprünglich ist Achikar eine weit bekannte Sagengestalt des Alten Orients, die bis in die moderne orientalische Literatur ein Nachleben aufweist. Nach der ältesten außerbiblischen Überlieferung ist er Assyrer und nimmt eine hohe Stellung in der Verwaltung Asarhaddons ein. In Tob erscheint er als Jude, der als Neffe des Tobit zur gleichen Familie gehört und gleichfalls das Schicksal der Deportation mit seiner Familie erleiden mußte. Daß er Siegelbewahrer des Königs wird, zeigt seinen hohen Rang an der Spitze der Verwaltung, vor allem seine Vollmacht an, im Namen des Königs Verordnungen mit königlicher Autorität zu erlassen, vgl. Gen $41^{42}$ Est $3^{8}$ $8^{2}$. Die verwandtschaftliche Verbindung zu Tobit wird den Leitgedanken von Tob entsprechend besonders herausgestellt.

2[1] Der Widerspruch zu $1^{20}$ löst sich dadurch, daß dieser Vers wohl zu einer Erweiterungsschicht der Grunderzählung gehört. Treu der Weisung von Dtn $16^{10-12}$ feiert die Familie des Tobit an Pfingsten ein Freudenmahl. [2] In Erinnerung an Dtn $16^{11}$ heißt er seinen Sohn, einen Armen, der Jahwe treugeblieben ist, zum Festmahl zu laden. [3–8] Auf die Nachricht, daß auf dem Marktplatz ein erdrosselter Jude liegt, handelt Tobit spontan: Er verbirgt die Leiche, um sie vor Schändung zu schützen, ohne dabei sein Wohnhaus zu

voll Trauer mein Mahl. [6] Ich erinnerte mich an das Wort des Prophe-
Am $8^{10}$ ten Amos: Eure Feste sollen sich in Trauer verwandeln und alle eure
Freudenlieder in Totenklage. Und ich begann zu weinen. [7] Nach
Sonnenuntergang ging ich hinaus, um ein Grab zu schaufeln, und be-
grub den Toten. [8] Meine Nachbarn aber sagten hämisch: Er hat
schon gar keine Angst mehr, wegen dieser Tat hingerichtet zu wer-
den. Eben erst hat er fliehen müssen, und schon begräbt er wieder die
Toten.

[9] Als ich ihn begraben hatte und in der Nacht nach Hause kam, legte
ich mich an der Hofmauer zum Schlafen nieder, weil ich unrein ge-
worden war. Mein Gesicht ließ ich unbedeckt, [10] ohne auf die Sper-
linge zu achten, die in der Mauer nisteten. Da ließen die Sperlinge
ihren warmen Kot in meine offenen Augen fallen, und es bildeten
sich weiße Flecke in meinen Augen. Ich ging zu den Ärzten, doch sie
konnten mir nicht helfen. Achikar sorgte für meinen Unterhalt, bis er
in die Provinz Elymaïs zog.

### *Tobits Verhöhnung durch seine Frau:* $2^{11-14}$

[11] Meine Frau Hanna fertigte zu Hause Webarbeiten an, wie sie
Frauen zu machen pflegen, [12] und lieferte sie dann bei den Bestellern

$2^{6}$ Freudenlieder, $G^{I}$: Freuden; $G^{II}$: Lieder.
$2^{10}$ Bis er ging, lies ἐπορεύθη (Fritzsche), vgl. $G^{II}$, statt ἐπορεύθην.
$2^{11}$ Zu Hause: verdeutlichend hinzugefügt.

verunreinigen, vgl. Num $19^{14}$. Aus dem Freudenfest wird durch dieses schmerzvolle Ereignis ein Tag der Trauer. Sein Werk der Barmherzigkeit, den Toten zu bestatten, trägt Tobit zudem den Spott der Nachbarn ein. $^{9-10}$ Darüber hinaus trifft ihn wegen einer Unachtsamkeit das Mißgeschick, daß Sperlinge ihren warmen Kot in seine offenen Augen fallen lassen. »Weiße Flecken«, λευκωματα ist eine alte Bezeichnung für den Hornhautfleck (macula cornea), der die Farbe des weißgrauen Vogelkots aufweist. Das führt zu Tobits Erblindung. Im biblischen Kontext gilt Erblindung oft als Vorbote des Todes, andererseits aber auch als Verheißung der rettenden Hand Jahwes. Zurückhaltung, ja Skepsis der ärztlichen Kunst gegenüber läßt sich gleichfalls im AT fast durchgängig belegen, vgl. 2 Chr $16^{12}$ Ijob $13^{4}$ Sir $10^{10}$ $38^{15}$. Heilung erlangt der Kranke nach biblischer Auffassung im Grunde nur durch betende Hinkehr zu Jahwe. – Die Landschaft Elymaïs mit der alten Hauptstadt Susa liegt zwischen dem Fluß Tigris, dem Persischen Meerbusen und dem Südwesten des Hochlands von Iran. $^{11-14}$ Infolge der Krankheit des Tobit wird seine Familie fortan von der Erwerbstätigkeit der Frau abhängig. Selbst in Fällen, wo es keine ausdrückliche gesetzliche Vorschrift gibt, bewährt sich auch noch in dieser Notlage die überaus feinfühlige Gewissenhaftigkeit und die Treue des Tobit zu Gott. Seine vorwurfsvolle Frage an Hanna, die kaum auf die Mißstimmung und die üble Laune des Erblindeten zurückzuführen ist, und ihre

ab. Einmal geschah es, daß sie ihr nicht nur den Lohn zahlten, son-
dern auch noch ein Ziegenböckchen dazuschenkten. [13] Als sie heim-
kam, fing das Tier an zu meckern. Ich fragte sie: Wo hast du das
Böckchen her? Es ist doch nicht etwa gestohlen? Dann gib es seinen
Eigentümern zurück! Denn was gestohlen ist, darf man nicht essen.
[14] Sie erwiderte: Es wurde mir zusätzlich zu meinem Lohn geschenkt.
Aber ich glaubte ihr nicht und verlangte, daß sie es seinen Eigentü-
mern zurückbrachte, und ich schämte mich ihretwegen. Doch sie ant- Ijob 2[9]
wortete: Wo ist denn der Lohn für deine Barmherzigkeit und Gerech-
tigkeit? Jeder weiß, was sie dir eingebracht haben.

## *Tobits Gebet:* 3[1–6]

3[1] Da wurde ich traurig und begann zu weinen. In meinem Schmerz
betete ich: [2] Herr, du bist gerecht, alle deine Wege und Taten zeugen
von deiner Barmherzigkeit und Wahrheit; wahr und gerecht ist dein
Gericht in Ewigkeit. [3] Denk an mich, und blick auf mich herab! Straf

Antwort beweisen wie 5[18] und 10[4], daß sie ihrem Gatten an seelischer Kraft und Größe keineswegs gleichkommt. Sie vertritt ihm gegenüber vielmehr eine ähnliche Auffassung wie die Freunde des Ijob, nach der Unglück ausschließlich Gottes Strafe für die Sünde ist. Mit ihrem bitteren Vorwurf, daß seine guten Werke in Wirklichkeit nur Heuchelei sind und Tobit daher Sünder ist, trifft sie ihren Mann schwer und verletzt ihn in seinem Innersten. An diesem Tiefpunkt des Leides wird der Erblindete, unverstanden sogar von seiner Frau, in letzte Einsamkeit hinabgestoßen. Mit einem Schlag scheint für Tobit all das bisher Gute und Wertvolle seines Lebens ins Gegenteil verkehrt zu sein. Das liegt jedoch nicht daran, daß aus seiner Tugend nun das Laster geworden wäre, sondern ist wohl auch darauf zurückzuführen, daß er im Guten übermäßig genau und im Dienst des Rechtes, vor allem seiner Frau gegenüber mitunter geradezu herzlos und steinern geworden ist. Nur der Blinde und mißtrauisch Gewordene, der »im Guten übermäßig Verhärtete« kann das Wohlverhalten seiner Frau so gänzlich und in allen Dingen in Frage stellen, nur jemand, der im Übereifer für das Gute der verhängnisvollen Meinung ist, allein richtig und untadelig zu sein. Eine furchtbare Heimsuchung für einen überaus gewissenhaften Menschen, die schließlich alle Lebensinhalte, Werte, Ideale und Maßstäbe in Frage stellt!

3[1f] Die Reaktion des Tobit entspricht durchaus biblischem und altorientalischem Verhalten. Weinen ist nämlich kein Zeichen von Unmännlichkeit, sondern natürliche Äußerung tiefen Schmerzes, vgl. Joh 11. Mit der dann folgenden Gebetseinleitung [1] beginnt die ausdrückliche Hinwendung des Tobit zu Jahwe. In einer dreistufigen Doxologie, deren Kern das 2. Glied ist, werden Gottes Barmherzigkeit und Wahrheit als Mitte der göttlichen Zuwendung herausgestellt. In diese Fluchtlinie gehören auch die Gerechtigkeit Gottes und sein Gerichtshandeln: »Tobit ruft Jahwe gegen seine gegenwärtige Situation zu Hilfe« (Deselaers, S. 78).

3–4 Die einleitenden Bitten drücken

mich nicht für die Sünden und Fehler, die ich und meine Väter dir ge-
genüber begangen haben. 4 Sie haben nicht auf deine Gebote gehört.
Darum hast du uns der Plünderung, der Gefangenschaft und dem
Tod preisgegeben; bei allen Völkern, unter die wir zerstreut worden
sind, hast du uns zum Gespött gemacht. 5 Auch jetzt treffen mich zu
Recht deine harten Strafen, die du über mich kommen läßt wegen
meiner und meiner Väter Sünden. Denn wir haben deine Gebote
nicht gehalten und haben den Weg deiner Wahrheit verlassen. 6 Tu
1 Kön $19^{4}$ also mit mir, was dir gefällt. Laß meinen Geist von mir scheiden; laß
mich sterben und zu Staub werden! Es ist besser für mich, tot zu sein
als zu leben. Denn ungerechte Vorwürfe mußte ich anhören, und ich
bin sehr betrübt. Laß mich jetzt aus meiner Not zur ewigen Ruhestatt
gelangen! Wende deine Augen nicht von mir ab!

### *Saras Verhöhnung durch ihre Mägde:* $3^{7-9}$

7 Am gleichen Tag geschah es, daß in Ekbatana in Medien Sara, die
Tochter Raguëls, von den Mägden ihres Vaters ebenfalls beschimpft

die Überzeugung aus, daß Tobit von der Zuwendung Gottes zutiefst überzeugt ist. Zunächst bittet er, der sich in die Schar der Väter einreiht und der sich mit ihnen schuldig weiß, darum, daß Gott die verdienten Strafen von ihm abwendet. Das Bewußtsein, für die Vergehen der Vorfahren büßen zu müssen, ist seit dem Exil in Israel besonders ausgeprägt, vgl. Jes $59^{12}$ Esra $9^{6f}$ Neh $1^{6}$ Dan 9 Bar 1–3. Wegen der gehäuften Schuld der Väter ist nach dieser Auffassung die gegenwärtige Generation in eine solch desolate Lage gekommen, die vierfach bestimmt wird. Plünderung, Gefangenschaft, Tod und Gespött kennzeichnen die notvolle Lage des Volkes. $^{5-6}$ Tobit beharrt nicht auf seiner Gerechtigkeit, die ihm $1^{3}$ zugestanden wird; er übernimmt in seinem Schuldbekenntnis vielmehr die Schuld seines Volkes. So erklärt er sich vor allem in der gemeinsamen Schuld mit seinem Volk voll solidarisch. Durch das ernste, aus seinem Innern aufsteigende Schuldbekenntnis bahnt er dann Gottes erbarmendes Eingreifen an: Der Blindgewordene beginnt auf diese Weise mit seinem Herzen zu sehen! Er anerkennt den Tun-Ergehens-Zusammenhang im Handeln des Volkes und in der Reaktion Gottes. In letzter Konsequenz formuliert er für sich den Todeswunsch, da er auf dieser Erde keine sinnvolle Lebensmöglichkeit mehr sieht. Mit der ewigen Ruhestatt ist das Grab gemeint, vgl. »ewiges Haus« Koh $12^{5}$ Ps $49^{12}$ Ez $26^{20}$. Gegen diese absteigende Linie läßt sich aber auch eine aufsteigende Lebenslinie auf eine doch mögliche, von Gott geschenkte Zukunft in den Bitten erkennen, die über Gottes gerechtes Gericht hinaus an sein gnädiges Erbarmen appellieren: Gott möge seine Augen nicht von ihm abwenden.

$^{7-9}$ Eine vergleichbare Notlage hat Sara getroffen. Der Name ihres Vaters wie auch ihr Name deuten darauf hin, daß sie Angehörige des Volkes Israel sind. Ekbatana, ihre Heimat, ist im heutigen Hamadan, etwa 350 km nordöstlich von Bagdad gelegen, erhalten. Der Dämon Aschmodai, nur hier im AT genannt,

wurde. $^{8}$ Sie war mit sieben Männern verheiratet gewesen; doch der
böse Dämon Aschmodai hatte sie alle getötet, bevor sie mit ihr ge-
schlafen hatten. Die Mägde sagten zu ihr: Begreifst du denn nicht,
daß du deine eigenen Männer erwürgst? Sieben hast du gehabt, doch
kein einziger ist dir geblieben. $^{9}$ Mit welchem Recht also behandelst
du uns so hart? Wenn sie schon sterben mußten, dann verschwinde
du doch mit ihnen! Hoffentlich bekommen wir nie einen Sohn oder
eine Tochter von dir zu sehen.

### *Saras Gebet:* $3^{10-15}$

$^{10}$ Als Sara das hörte, wurde sie so traurig, daß sie sich erhängen
wollte. Aber sie dachte: Ich bin die einzige Tochter meines Vaters.
Wenn ich das täte, wäre es eine große Schande für ihn, und ich wäre
schuld daran, daß der alte Mann vor Kummer ins Grab sinkt.
$^{11}$ Darum trat sie ans Fenster und betete: Gepriesen seist du, Herr, Dan $6^{11}$
mein Gott. Gepriesen sei dein heiliger und ehrwürdiger Name in
Ewigkeit. Alle deine Werke sollen dich ewig preisen. $^{12}$ Nun aber,

$3^{8}$ Ist dir geblieben, wörtlich: du hast Nutzen gehabt (ὠνάσθης) G$^{I}$; du bist genannt worden (ὠνομάσθης) G$^{II}$.

ist vielleicht vom hebräischen Verbum »*hišmīd* = verderben« herzuleiten, oder, was wahrscheinlicher ist, aus dem Persischen (*aešma daeva* = böser Dämon) übernommen. Im Gegensatz zur eindeutigen Aussage des biblischen Textes unterschieben die Mägde der Sara böswillig, Mörderin von sieben Männern zu sein, die mit ihr die Ehe eingehen wollten. In einem weiteren Schritt beklagen sie sich zudem über die harte Behandlung durch ihre Herrin und wünschen ihr schließlich den Tod. Der Gipfel ihrer Schimpfrede liegt jedoch in dem Fluchwunsch, daß Sara lebenslang kinderlos bleiben möge. In der Steigerung der Verwünschung: Isolation als Unverheiratete, Kinderlosigkeit, unzeitiger Tod strebt die Beschimpfung durch die Mägde ihrem dramatischen Höhepunkt zu. $^{10}$ Der in solch tiefer Not von Sara gefaßte Plan, sich selbst das Leben zu nehmen, scheitert letztlich dann doch an ihrem tief verwurzelten Gemeinschaftssinn dem Vater gegenüber. Überhaupt ist Selbstmord in Israel äußerst selten; der einzige Beleg findet sich 2 Sam $17^{23}$; vgl. Gen $42^{38}$. $^{11-15}$ Ähnlich wie Tobit erhebt Sara sich in dieser tiefen Notlage zu einem Bittgebet, das vergleichbar dem seinen stilisiert ist. Beten am Fenster kennzeichnet den gläubigen Juden, der sich nach Jerusalem hin und damit an den dort im Tempel gegenwärtigen Jahwe wendet, vgl. Dan $6^{11}$. Der Lobpreis zu Beginn des Gebets faßt den heiligen und ehrwürdigen Namen Jahwes, damit die absolute Erhabenheit Gottes ins Auge. Den Namen Jahwes zu loben, werden alle Schöpfungswerke eingeladen. Mit einer Doxologie das Gebet zu beginnen, läßt sich als seit alters her geübte Tradition Gen $24^{27}$ 1 Sam $25^{32}$ 2 Sam $18^{28}$ 1 Kön $1^{48}$ nachweisen. Nach einer Vertrauensäußerung$^{12}$ bittet Sara dann unmißverständlich um den Tod. Denn trotz ihres einwandfreien Lebens-

Herr, habe ich meine Augen und mein Gesicht dir zugewandt. [13] Laß mich von dieser Erde scheiden, damit ich nicht länger solche Beschimpfungen hören muß. [14] Du weißt, Herr, daß ich frei bin von jeder Sünde mit einem Mann. [15] Weder meinen eigenen Namen noch den meines Vaters habe ich befleckt in dem Land, wo ich gefangen bin. Ich bin die einzige Tochter meines Vaters; er hat kein anderes Kind, das ihn beerben könnte. Auch ist kein naher Verwandter da und kein Sohn eines Verwandten, dessen Frau ich werden müßte. Schon sieben Männer habe ich verloren. Was nützt mir da noch das Leben? Doch wenn es dir nicht gefällt, mich sterben zu lassen, dann blick auf mich herab, und hab Erbarmen mit mir, damit ich nicht länger solche Beschimpfungen hören muß.

### *Gottes Hilfe in Aussicht:* $3^{16-17}$

[16] Das Gebet beider, Tobits und Saras, fand Gehör bei der Majestät

$3^{13}$ Laß mich, griech. Text: Ich sage, laß mich...

$3^{16}$ Besser wohl: Fand Gehör bei der Majestät des Großen [17]. Und Rafael wurde gesandt, vgl. Hss und $G^{II}$ τοῦ θεοῦ.

wandels und trotz ihres guten Rufs muß sie erfahren, daß ihr Leben sinnlos zu werden droht. Die mißglückten Eheversuche – sieben sind auch hier die Zahl der Fülle – und die Unmöglichkeit einer stammesinternen Ehe wegen eines fehlenden Partners bringen sie in ihre aussichtslose Lage. Nach gängiger atl Auffassung wird die Frau fast ausschließlich im Dienst der Nachkommenschaft gesehen, folglich gilt Ehelosigkeit und damit notwendig Kinderlosigkeit für sie als Sinnlosigkeit und tiefstes menschliches Unglück. Die einzige bescheidene Alternative zum sofortigen Tod scheint für Sara wenigstens ein Leben ohne die Not der Beschimpfung durch die Mägde zu sein. Doxologie, Bitten und Notschilderung bestimmen Aufbau und Aussagen ihres Gebets. Es ist insgesamt als ein flehentliches Bittgebet am Tiefpunkt ihres Lebens zu kennzeichnen.

$^{16-17}$ Mit Blick auf die vergleichbare Stelle $12^{15}$ und auf die nachexilische Gottesanschauung ist es begründet und berechtigt, in$^{16f}$ Ραφαηλ und και umzustellen: »Das Gebet beider fand Erhörung vor der Herrlichkeit des Großen (= Gottes) und Rafael...«. »Der Große« ist in dieser späten Zeit nämlich zu einem selbständigen Namen Gottes geworden. Als Personenname begegnet Rafael sonst nur in 1 Chr $26^7$. In Tob wird er als Engel mit der Namensbedeutung »Gott hat geheilt« eingeführt, der die Anwesenheit und den Einsatz des heilenden Gottes verkörpert und damit im erklärten Gegensatz zum Dämon Aschmodai steht, der auf Tod und Vernichtung aus ist. Die Feststellung, daß das Gebet der beiden erhört wurde, ist bereits eine Vorwegnahme der weiteren Erzählung; sie wird notwendig, und so wächst die Spannung des Erzählbogens. Dadurch wird schließlich die bedrohliche Krise mit dem jeweiligen Todeswunsch überwunden. Im Blick auf Jahwe lichtet sich das Geschick der beiden betroffenen Personen, die weit entfernt voneinander leben und nichts voneinander wissen.

des großen Rafael. 17 Er wurde gesandt, um beide zu heilen: um To-
bit von den weißen Flecken auf seinen Augen zu befreien und um
Sara, die Tochter Raguëls, mit Tobits Sohn Tobias zu vermählen und
den bösen Dämon Aschmodai zu fesseln. Denn Tobias sollte Sara zur
Frau haben. Und Tobit kehrte zur gleichen Zeit in sein Haus zurück,
als Sara, die Tochter Raguëls, aus ihrem Zimmer herabkam.

## DIE RETTUNG DURCH GOTTES GÜTIGE FÜHRUNG: $4^{1}$–$12^{22}$

### *Belehrungen für Tobias:* $4^{1-21}$

4 1 An diesem Tag erinnerte sich Tobit an das Geld, das er in der Stadt
Rages in Medien bei Gabaël hinterlegt hatte. 2 Er dachte: Ich habe
mir den Tod gewünscht. Warum soll ich nicht meinen Sohn Tobias
rufen und ihm von dem Geld erzählen, bevor ich sterbe? 3 Er rief ihn
also und sagte: Mein Sohn, wenn ich gestorben bin, begrab mich! Laß
deine Mutter nicht im Stich, sondern halte sie in Ehren, solange sie
lebt. Tu, was sie erfreut, und mach ihr keinen Kummer! 4 Denk
daran, mein Sohn, daß sie deinetwegen viel Beschwerden hatte, als sie
dich in ihrem Schoß trug. Wenn sie gestorben ist, begrab sie an mei-
ner Seite im selben Grab! 5 Denk alle Tage an den Herrn, unseren

$3^{17}$ Von seinen Augen, mit $G^{II}$.
$4^{2}$ Von dem Geld, mit $G^{II}$.
$4^{3}$ Solange sie lebt, mit $G^{II}$; $G^{I}$: alle Tage deines Lebens.

Betont trägt 17 die Gleichzeitigkeit der Gebete nach, die in der Abgeschiedenheit der stillen Kammer verrichtet wurden. Mit diesem Zug werden Notwendigkeit und Bedeutung des Herzensgebetes für das Leben der Gott-Treuen hervorgehoben; sie erlangen den Charakter der Allgemeingültigkeit!

$4^{1f}$ Um den Fortgang der Erzählung sich in geschürzter Weise weiterentwickeln zu lassen, läßt ihr Verfasser Tobit zudem am gleichen Tag an das bei Gabaël hinterlegte Geld denken. Da er immer noch von der Vorstellung seines baldigen Todes beherrscht ist, ist die Mitteilung an Tobias als das Vermächtnis an seinen Sohn zu verstehen; ihm soll trotz seiner vermeintlichen Notlage eine gute Zukunft ermöglicht werden. 3f Doch dieses Anliegen tritt hinter den religiös-sittlichen Ermahnungen zurück, die er dann seinem Sohn gibt. Die beiden ersten Wünsche ergeben sich zwangslos aus der Situation. Da Tobit mit einem baldigen Tod rechnet, legt er Tobias zunächst die Pflicht, ihn würdig zu beerdigen, ans Herz, vgl. Gen $49^{29}$ $50^{24}$. Als weitere Pflicht gibt Tobit dem Sohn die Fürsorge für seine Mutter auf. Diese Auflage begründet er mit dem Hinweis auf all das, was die Mutter ihrem Kind vor und bei der Geburt unter Schmerzen und Beschwerden getan hat. In diesen Worten enthüllt sich eine erstaunliche Hochschätzung der Mutterschaft. Der damit entworfene Rahmen wird durch einen späteren Redaktor mit allgemeinen Lebensregeln aufgefüllt, bis Tobit 20 wieder auf das Gelddepot zu sprechen kommt.

5–11 Das Impulswort aus 4 »denk daran« wird zur Grundforderung

Gott, mein Sohn, und hüte dich davor, zu sündigen und seine Gebote
zu übertreten. Handle gerecht, solange du lebst; geh nicht auf den
Wegen des Unrechts! 6 Denn wenn du dich an die Wahrheit hältst,
wirst du bei allem, was du tust, erfolgreich sein. 7 Allen, die gerecht
handeln, hilf aus Barmherzigkeit mit dem, was du hast. Sei nicht
kleinlich, wenn du Gutes tust. Wende deinen Blick niemals ab, wenn
du einen Armen siehst, dann wird auch Gott seinen Blick nicht von
dir abwenden. 8 Hast du viel, so gib reichlich von dem, was du be-
sitzt; hast du wenig, dann zögere nicht, auch mit dem Wenigen Gutes
zu tun. 9 Auf diese Weise wirst du dir einen kostbaren Schatz für die
Zeit der Not ansammeln. 10 Denn Gutes zu tun rettet vor dem Tod
und bewahrt vor dem Weg in die Finsternis. 11 Wer aus Barmherzig-
keit hilft, der bringt dem Höchsten eine Gabe dar, die ihm gefällt.
12 Mein Sohn, hüte dich vor jeder Art von Unzucht! Vor allem: nimm
eine Frau aus dem Stamm deiner Väter! Nimm keine fremde Frau,
die nicht zum Volk deines Vaters gehört; denn wir stammen von Pro-
Ps $105^{15}$ pheten ab. Mein Sohn, denk an Noach, Abraham, Isaak und Jakob,

des sittlichen Verhaltens. Nach atl Vorstellung ist dieses »Gedenken« nicht nur ein »Sich-Erinnern«, also ein rein intellektueller Vorgang; es soll vielmehr mit Blick auf Gottes Werk in der Vergangenheit und auf das korrespondierende Tun des Menschen eine je neue sittliche Entscheidung auslösen, zu der Tobias dann im einzelnen verpflichtet wird. – »Gerechtigkeit« und »Wahrheit« sind hier wie oft im AT synonym verstanden, vgl. Ps $1^{3}$ Jer $17^{8}$. »Gerechtigkeit« wird in der späten Zeit des Buches, wie $12^{9}$ zeigt, gleichbedeutend mit Almosen, vgl. Sir $3^{30}$ $7^{10}$ $12^{3}$. So wird konsequent in $^{7}$ die Mahnung zur Mildtätigkeit eingefügt, vgl. Mt $5^{42}$. Dabei ist in erster Linie ähnlich wie in $1^{16f}$ $2^{8}$ an notleidende Volks- und Glaubensgenossen zu denken. Die Pflicht, Gutes zu tun, bleibt jedoch nicht auf die Wohlhabenden beschränkt, sondern sie wird auch und vor allem auf die Minderbemittelten ausgedehnt. Dreifach wird der Segen für den, der Almosen gibt, beschrieben: 1. Almosengeben sichert in Zeiten eigener Not dem Wohltäter Hilfe von Gott. 2. Es bewahrt vor dem Tod; nicht in dem Sinne, als der Tod allgemeines Menschenschicksal ist, wohl aber insofern, als ein unzeitiger Tod unter außergewöhnlichen Umständen in biblischer Zeit als harte Strafe Gottes verstanden wird, vgl. Spr $23^{13f}$. 3. Almosengeben erhält vor Gott den Rang einer wohlgefälligen Opfergabe. In der Zeit nach der Zerstörung des Tempels ist in der fernen Diaspora der Opferkult ohnehin unmöglich geworden. Mit solcher Umorientierung wird eine beachtenswerte und theologisch bedeutsame Verlagerung und Verinnerlichung des Opferverständnisses im AT angezeigt, vgl. Sir $29^{8-13}$ 1 Tim $6^{18f}$.

$^{12f}$ An die knappe Warnung, sich vor jeglicher Unzucht zu hüten, schließt sich die Mahnung an Tobias an, die Ehe nur mit einer Israelitin, und zwar mit einer Stammesangehörigen einzugehen. Das Verbot, eine Frau aus einem fremden Volksstamm zu heiraten, wird Ex $34^{15f}$ Dtn $7^{1-4}$ Esra $9^{1-15}$ Neh $13^{25}$ Mal $2^{11}$ den Israeliten

unsere ersten Vorfahren! Sie alle haben Frauen aus ihrem Stamm ge-
heiratet und sind mit Kindern gesegnet worden; ihre Nachkommen
werden das Land besitzen. [13] Darum liebe die Brüder aus deinem
Stamm, mein Sohn, fühle dich nicht erhaben über deine Verwandten
und die Söhne und Töchter deines Volkes, und sei nicht zu stolz, dir
aus ihrer Mitte eine Frau zu nehmen. Denn Stolz führt ins Verderben
und bringt Zerrüttung mit sich. Auch Charakterlosigkeit führt zu Er-
niedrigung und großer Not; die Charakterlosigkeit ist nämlich die
Mutter des Hungers.
[14] Wenn einer für dich gearbeitet hat, dann enthalt ihm seinen Lohn
nicht vor bis zum nächsten Tag, sondern zahl ihn sofort aus! Wenn
du Gott auf diese Weise dienst, wird man auch dir deinen Lohn aus-
zahlen. Gib acht auf dich bei allem, was du tust, mein Sohn, und zeig
durch dein Benehmen, daß du gut erzogen bist. [15] Was dir selbst ver- Mt 7[12]
haßt ist, das mute auch einem anderen nicht zu! Betrink dich nicht;
der Rausch soll nicht dein Begleiter sein. [16] Gib dem Hungrigen von Jes 58[7]
deinem Brot und dem Nackten von deinen Kleidern! Wenn du Über-
fluß hast, dann tu damit Gutes, und sei nicht kleinlich, wenn du Gu-
tes tust. [17] Spende dein Brot beim Begräbnis der Gerechten, gib es
nicht den Sündern! [18] Such nur bei Verständigen Rat; einen brauch-

4[13] Aus deinem Stamm: verdeutlichend hinzugefügt, vgl. 5[13].
4[15] Wörtlich: Trink nicht Wein bis zur Berauschung.

nachdrücklich auferlegt und eingeschärft. Prophetenkinder sind sie als Nachkommen der Patriarchen, die Jahwe selbst Ps 105[15] »meine Propheten« nennt. Der Hinweis auf die Erzväter beweist überdies, daß die Idealvorstellung der Ehe die Heirat innerhalb der eigenen Sippe ist, eine theologische Grundforderung, die das ganze Buch Tob als Leitgedanke 1[9] 3[17] 6[12] 7[10f] durchzieht. Daher wird Tobias auch zu stetigem solidarischem Verhalten zu seinem Volk angehalten. Die gegenteilige Einstellung und Verhaltensweise werden als Stolz und Hochmut gebrandmarkt, Eigenschaften, die unweigerlich den sittlichen und materiellen Verfall und Untergang nach sich ziehen. [14] Das Gebot in [14a] lehnt sich an Lev 19[13] und Dtn 24[15] an und unterstreicht seine Forderung als Pflicht sozialer Gerechtigkeit. Letztlich drückt sich darin wirklicher Gottesdienst aus. In einem solchen Tun enthüllt sich echte Wohlerzogenheit als jene charaktervolle Haltung, die den Menschen über Launen und Wünsche erhaben sein läßt und ihn in vollen Einklang mit den Geboten Gottes stellt. Skizzenhaft wird mit diesen Zügen das Ideal des atl Menschenverständnisses gezeichnet.

[15–18] Die folgenden Einzelforderungen stehen unter einer negativen Vorform der goldenen Regel in Mt 7[12]. Sie wird verstanden als Summe des Verhaltens, das der Mensch der guten Erziehung verdankt. Mäßigkeit im Weingenuß, vor allem aber Wohltätigkeit werden als Einzelforderungen betont herausgestellt. Es ist abwegig, bei [17] an direkte Totenspeisung zu denken, die nach Dtn 26[14] und Sir 30[18] verboten und verpönt ist. Vielmehr dürfte an das 2 Sam 1[12] 3[35] Jer 16[7] und Ez 24[17] erwähnte Trauerbrot gedacht sein,

baren Ratschlag verachte nicht! [19] Preise Gott, den Herrn, zu jeder
Zeit; bitte ihn, daß dein Weg geradeaus führt und daß alles, was du
tust und planst, ein gutes Ende nimmt. Denn kein Volk ist Herr seiner Pläne, sondern der Herr selbst gibt alles Gute, und er erniedrigt,
wen er will, wie es ihm gefällt. Denk also an meine Lehren, mein
Sohn! Laß sie dir nie aus dem Herzen reißen!
[20] Und jetzt will ich dir noch etwas sagen: Ich habe Gabaël, dem Bruder des Gabrija, in der Stadt Rages in Medien zehn Talente Silber zur
Aufbewahrung anvertraut. [21] Hab also keine Angst, mein Sohn, weil
wir verarmt sind. Du hast ein großes Vermögen, wenn du nur Gott
fürchtest, alle Sünde meidest und das tust, was ihm gefällt.

## *Ein Reisegefährte:* 5[1–17]

5[1] Tobias antwortete ihm: Ich will alles tun, Vater, was du mir aufgetragen hast. [2] Aber wie soll ich das Geld holen? Ich kenne Gabaël
doch nicht. [3] Da gab ihm der Vater den Schuldschein und sagte: Such
jemand, der mit dir auf die Reise geht. Ich will ihn entlohnen, solange
ich noch am Leben bin. Mach dich also auf den Weg, und hol das

4[20] Bruder, sinngemäß ergänzt, s. 1[14]. Nach 4[20] wäre er der Sohn.

welches den Hinterbliebenen zu bringen als besonderer Akt der Nächstenliebe galt. Mit »Verständigen«[18] sind die Weisen gemeint, die im Gesetz Gottes wohl unterrichtet sind, über hinreichende praktische Lebenserfahrung verfügen und folglich das Idealbild des atl Menschen verkörpern, vgl. Spr 19[20] Sir 37[16].
[19] Mit der Mahnung zu Lobpreis und Bitte schließt Tobit den Katalog seiner Forderungen ab; sie sind insgesamt Ausdruck bester atl Tradition. Wirklichen Rat kann es bei keinem Volk außerhalb Israels geben. Mit solchen einmaligen anspruchsvollen Forderungen setzt sich das auserwählte Volk von allen noch so imponierenden Leistungen seiner Umwelt ab. Denn nicht von menschlicher Einsicht, sondern allein von Gott, dem wahren »Herrn der Pläne«, hängt das Schicksal des einzelnen und des Volkes ab. [20f] Wie in [1] leitet die Erinnerung an die Gabaël anvertraute Geldsumme zu einer abschließenden religiösen Ermahnung über, in der Gottesfurcht als der höchste und beständigste Reichtum gepriesen wird, vgl. Gen 22[12] Ijob 1 f. Gottesfurcht führt den Menschen aus aller Enge und Sorge in die Weite des freien Dienstes Gottes und bringt ihn dazu, das Böse zu meiden.
5[1–3] Das begründete Bedenken seines Sohnes beseitigt der Vater dadurch, daß er ihm ohne Verzug den Schuldschein aushändigt. Rechtsgeschäfte schriftlich festzulegen, war im Alten Orient von jeher üblich, wie die zahllosen zutage geförderten Kontrakte belegen. Nach dem Codex Hammurabi § 7 war schriftliche Fixierung zur Rechtsgültigkeit sogar erforderlich. In Konsequenz fügt Tobit zwei Aufträge an: Tobias soll sich nach einem Weggefährten umsehen und sich mit ihm auf die Reise begeben. Er werde den Begleiter

Geld ab! 4 Tobias ging auf die Suche nach einem Begleiter und traf dabei Rafael; Rafael war ein Engel, aber Tobias wußte es nicht. 5 Er fragte ihn: Könnte ich mit dir nach Rages in Medien reisen? Bist du mit der Gegend dort vertraut? 6 Der Engel antwortete: Ich will mit dir reisen; ich kenne den Weg und war schon bei unserem Bruder Gabaël zu Gast. 7 Tobias bat ihn: Wart auf mich, ich will es meinem Vater sagen. 8 Der Engel antwortete ihm: Geh, aber halte dich nicht auf! 9 Tobias ging nach Hause und sagte zu seinem Vater: Ich habe einen Mann gefunden, der mit mir reisen will. Da sagte der Vater: Ruf ihn her zu mir! Ich möchte wissen, aus welchem Stamm er kommt und ob er auch zuverlässig genug ist, um dich zu begleiten. 10 Tobias holte den Engel; Rafael kam, und sie begrüßten einander. 11 Tobit fragte ihn: Bruder, aus welchem Stamm und aus welcher Familie kommst du? Sag es mir! 12 Da erwiderte Rafael: Geht es dir um den Stamm und die Familie oder um einen Mann, der gegen eine Entlohnung mit deinem Sohn auf die Reise geht? Tobit sagte: Bruder, ich möchte nur deine Herkunft und deinen Namen wissen. 13 Da antwortete Rafael: Ich bin Asarja, der Sohn des großen Hananja, einer von den Brüdern deines Stammes. 14 Darauf sagte Tobit: Sei willkommen, mein Bruder! Sei mir nicht böse, daß ich nach deinem Stamm und deiner Familie gefragt habe. Ich sehe, mein Bruder, daß du aus einem guten und edlen Geschlecht stammst. Denn ich habe Hananja und Natan, die Söhne des großen Schimi, kennengelernt, als wir zusammen nach Jerusalem pilgerten, um dort den Herrn anzubeten und das Erstlingsop-

$5^{13}$ Deines Stammes, verdeutlichend hinzugefügt, vgl. $4^{13}$.

$5^{14}$ Du stammst von guten Vorfahren, wörtlich: aus einer edlen Wurzel bist du.

noch zu Lebzeiten entlohnen. $^{4-8}$ Kenntnis der Wege und eine besondere Bekanntschaft mit Gabaël weisen den bald gefundenen Rafael als Reisebegleiter bestens aus. Doch der Sohn fühlt sich nicht berechtigt, ohne Erlaubnis des Vaters einen Fremden in das Haus zu führen. Nach biblischer Gepflogenheit gewährt ausschließlich das Familienoberhaupt die Gastfreundschaft. $^{9-10}$ Verständlich ist es daher, daß der Vater sich selbst von der Stammeszugehörigkeit und von der Zuverlässigkeit des so bald gefundenen Gefährten überzeugen will. $^{11-14}$ Die Antwort Rafaels enthält zunächst eine unverkennbare Spitze gegen die übertriebene und zu einseitige Betonung des Sippenzusammenhangs. Doch wird die erneut gestellte Frage auf das wiederholte Drängen Tobits zur vollen Zufriedenheit beantwortet. Der Name Asarja, der 1 Kön $4^{2.5}$ 2 Kön $15^{1-7}$ 2 Chr 26 Jer $43^{2}$ Dan 1–3 vorkommt, bedeutet »Jahwe hat geholfen«, ist also der Bedeutung des Namens Rafael eng verwandt. Besser gesagt, er beinhaltet als Oberbegriff jede mögliche Hilfe Jahwes, in die auch das Heilen durch Jahwe eingefaßt wird. Daher ist es abwegig, das für den Fortgang der Ereignisse notwendige und begründete Inkognito des Rafael einfachhin als Lüge abzutun. Die $^{14}$ genannten Personen sind unbekannt; wichtig und erwähnenswert ist ihre Treue zu Gott, vgl. $1^{6}$.

fer und den Zehnten unserer Ernte darzubringen. Auch diese beiden hatten sich nicht beirren lassen, als unsere Brüder von Gott abfielen. Bruder, du stammst von guten Vorfahren. [15] Aber sag mir: Welchen Lohn soll ich dir geben? Eine Drachme täglich und dazu den Lebensunterhalt, wie ihn auch mein Sohn erhält? [16] Ich will dir aber noch etwas zu deinem Lohn hinzugeben, wenn ihr gesund zurückkehrt. [17] So einigten sie sich.

Darauf sagte Tobit zu Tobias: Mach dich fertig zur Reise! Ich wünsche euch alles Gute auf den Weg. Als der Sohn alles für die Reise vorbereitet hatte, sagte sein Vater zu ihm: Mach dich mit dem Mann auf den Weg! Gott, der im Himmel wohnt, wird euch auf eurer Reise behüten; sein Engel möge euch begleiten. Da brachen die beiden auf, und der Hund des jungen Tobias lief mit.

### *Tobits Zuversicht:* $5^{18-23}$

[18] Hanna aber, die Mutter des Tobias, weinte und sagte zu Tobit: Warum hast du unseren Sohn weggeschickt? War er nicht die Stütze

$5^{18}$ Unseres Alters, wörtlich: unserer Hand.

$^{15-17}$ Die (attische) Drachme, im Wert dem (römischen) Denar gleich, entspricht dem Gegenwert von ca. 0,80 DM und ist der damals übliche Tageslohn, vgl. Mt $20^{2}$. Der darüber hinaus gewährte Lebensunterhalt sowie die in Aussicht gestellte Zulage bei gesunder Rückkehr bestätigen, daß es sich für die damaligen Verhältnisse nicht um ein kleinliches Angebot handelt und daß Rafael nicht als unterstellter Diener, sondern als ein dem Tobias ebenbürtiger Reisegefährte angesehen und behandelt wird. Das Drängen des Vaters auf sofortige Abreise ist wie das ganze Unternehmen $4^{2}$ $5^{3}$ durch die Vorstellung von seinem vermeintlich nahen Tod bedingt. Der Reisesegen mit dem Wunsch der Begleitung durch Gott und seinen Engel enthält eine Feinheit, die zwar bibelgemäß ist, vgl. Gen $24^{7.40}$, von der Tobit allerdings nicht ahnen kann, daß sie bereits in einer besonderen einmaligen Weise erfüllt ist. Die Bemerkung, daß der Hund des Tobias mitläuft, ist für das AT ungewöhnlich. Dort werden Hunde zwar bei den Herden des Menschen geduldet (Ijob $30^{1}$), aber generell wird der Hund nicht als Haustier gehalten, sondern als unrein verabscheut. Anders verhält es sich im hellenistischen Kulturkreis, wo der Hund in Begleitung der Menschen auftritt, vgl. Homer, Odyssee $2^{11}$ $17^{62}$, Ilias $22^{69}$ $23^{173}$. Daher dürfte$^{17}$ $11^{4}$ von der hellenistischen Kultur beeinflußt sein. Sie betreffen Einflüsse, die bei Diasporajuden in dieser späten Zeit leicht verständlich sind.

$^{18-23}$ Dieser wohl nachträglich zugefügte Abschnitt unterrichtet über die Reaktion der Mutter und kontrastiert in der Beschreibung ihres Charakters mit der Einstellung und dem Vorhaben des Vaters. Sie erscheint nach Frauenart verzagt und macht ihrem Mann das Leben unnötig schwer; sie zeigt sich ihm keinesfalls ebenbürtig. Vielmehr hält sie den

unseres Alters, als er noch bei uns ein- und ausging? [19] Wir hätten dieses Geld gar nicht gebraucht; denn es ist nichts, verglichen mit dem Leben unseres Sohnes. [20] Was uns der Herr zum Leben gegeben hat, reicht für uns. [21] Tobit antwortete: Mach dir keine Sorgen, Schwester, er wird gesund zurückkommen, und du wirst ihn wiedersehen. [22] Denn ein guter Engel begleitet ihn, und seine Reise wird ein gutes Ende nehmen; er wird sicherlich gesund heimkehren. [23] Da hörte sie auf zu weinen.

## *Wunderbare Heilmittel:* $6^{1-9}$

6[1] Die beiden kamen auf ihrer Reise abends an den Tigris, wo sie
übernachteten. [2] Als der junge Tobias im Fluß baden wollte, schoß
ein Fisch aus dem Wasser hoch und wollte ihn verschlingen. [3] Der
Engel rief Tobias zu: Pack ihn! Da packte der junge Mann zu und
warf den Fisch ans Ufer. [4] Und der Engel sagte zu Tobias: Schneide
den Fisch auf, nimmt Herz, Leber und Galle heraus und bewahre sie

$5^{19}$ Wörtlich: Geld komme nicht zum Geld, sondern es werde Lösegeld für unser Kind.

Sohn schon für verloren und meint, man hätte auf das hinterlegte Geld eher verzichten sollen, als den Sohn auf eine solch gefahrvolle Reise zu schicken. Ihre plötzlich sich äußernde Frömmigkeit ist wohl eher aus dem Widerspruch zu ihrem Mann als aus echter Überzeugung geboren, ein Moment, das die Spannung des Berichts nur steigert. Tobit tröstet sie gefaßt und vertrauensvoll; er erwähnt wiederum die Begleitung durch den Engel, ohne um die bereits erfolgte Verwirklichung seines Wunsches zu wissen. Insgesamt beherrscht Rafael den Abschnitt $4^{1}$–$5^{17}$: Er kennt den Weg, den die beiden einschlagen, er kennt Gabaël, er wird Reisebegleiter. So ist er der wirklich Handelnde. Während Tobit und Tobias als die vordergründig Handelnden auftreten, werden sie hintergründig durch den Entschluß Gottes im Auftreten des Rafael gelenkt. In dieser verborgenen Fügung und Führung Gottes, in seiner Fürsorge für die Menschen und in seiner Vorsehung enthüllt sich das wesentliche Element der theologischen Konzeption unseres Buches.

6 Drei Reisenotizen $6^{1.6}$ $7^{1}$ lassen den Abschnitt $6^{1}$–$7^{8}$ als Einheit erkennen. Auch in ihm tritt Rafael als der entscheidende Handlungsträger auf. [1] Ninive liegt auf der Ostseite des Tigris, daher bringt [1] Schwierigkeiten, den Verlauf des Weges von Ninive nach Rages geographisch genauer festzulegen. In einem Tagesmarsch, das heißt, in einer Entfernung von ungefähr 40 km, stößt man auf den Oberen Zab. Vielleicht ist die Angabe des Tigris nur allgemein als großer Fluß zu verstehen und vielleicht meint [1] mit Tigris den Oberen Zab. [2–4] Sowenig sich der Landstrich, durch den die Reise Tobias und seinen Begleiter führt, genau identifizieren läßt, sowenig läßt sich auch der Fisch bestimmen. Das Wort »verschlingen« ist hyperbolisch gebraucht, da Tobias tief erschreckt wird. Er handelt dann genau nach der Weisung seines Begleiters, hebt Herz, Leber und Galle des Fisches auf. Der Fisch selbst dient ihnen bei-

gut auf! 5 Der junge Tobias tat, was ihm der Engel sagte. Dann brie-
ten sie den Fisch und aßen ihn.
6 Als sie weiterreisten und in die Gegend von Ekbatana kamen,
7 fragte der junge Tobias den Engel: Asarja, lieber Bruder, wozu sol-
len die Leber, das Herz und die Galle des Fisches gut sein? 8 Rafael
antwortete: Wenn ein Mann oder eine Frau von einem Dämon oder
einem bösen Geist gequält wird, soll man das Herz und die Leber des
Fisches in Gegenwart dieses Menschen verbrennen; dann wird er von
der Plage befreit. 9 Und wenn jemand weiße Flecken in den Augen
hat, soll man die Augen mit der Galle bestreichen; so wird er geheilt.

## *Der Heiratsplan:* $6^{10-19}$

10 Als sie in der Nähe der Stadt Ekbatana waren, 11 sagte der Engel zu
dem jungen Tobias: Bruder, heute werden wir bei Raguël übernach-

$6^{10}$ Ekbatana, mit $G^{II}$, statt Rages $G^{I}$.

den als Mahlzeit. Mit diesen Begebenheiten wird der Engel voll und ganz in die Ereignisse des menschlichen Alltags einbezogen. Mit tiefenpsychologischen Deutekategorien beim Fisch, ähnlich wie bei der Schlange (Gen 3) an eine Darstellung des männlichen Phallus zu denken und seine Bewältigung als Überwindung der sexuellen Begierde zu interpretieren (Drewermann), ist zu weit hergeholt und entspricht kaum der Gedankenführung von Tob.

$^{6-9}$ Erst auf der Weiterreise fragt Tobias nach dem Grund für die Anweisung in $^{4}$. Einmal bezeugt diese Zurückhaltung seine vornehme Art, dann verknüpft die folgende Erklärung das Geschehen am Fluß mit dem Fortgang der Ereignisse. Ganz allgemein stellt der Engel Herz und Leber des Fisches als Heilmittel für Menschen hin, die von Dämonen geplagt werden. Die Galle dient als Medizin für solche, die mit Hornhautflecken behaftet sind. Räucherwerk verwendete man im assyrisch-babylonischen Raum, um dämonische Einwirkungen abzuwehren. Durch die Einfügung dieses bekannten Zuges aus der Umwelt in seine Erzählung entmythisiert der Erzähler zugleich diesen im Mythus beheimateten Brauch und paßt ihn dem Offenbarungsglauben ein. – Galle als Mittel zur Heilung weißer = blinder Augen, also von Augen mit weißen Flecken, ist bereits in der assyrischen Heilkunde bekannt.

$^{10-13}$ Der Engel teilt vor der Zwischenstation Ekbatana Tobias ein neues Ziel und einen unerwarteten Zweck ihrer Reise mit. Er will bei seinem Verwandten Raguël als Brautwerber für ihn auftreten. Die Reise, die nach menschlicher Absicht dem Zweck dient, das Gelddepot abzuholen, erfährt durch die vom Engel kundgemachte göttliche Initiative einen weitaus tieferen Zweck und Sinn; sie wird zu einer Brautfahrt und damit erhält sie grundlegende Bedeutung für den Lebensweg des Tobias. Daher stellt Rafael zunächst die sippenmäßige Verwandtschaft und Zusammengehörigkeit des Tobit mit Raguël heraus. Daraus folgt, daß in diesem Fall die Vorschrift Num $27^{1-11}$ $36^{5-12}$ zur Anwendung kommt: Tobias als einzigem Verwandten steht demnach Raguëls Tochter Sara als Frau mit ihrem

ten. Es ist ein Verwandter von dir. Er hat nur ein einziges Kind, eine
Tochter namens Sara. 12 Ich will mit ihm reden, daß er sie dir zur
Frau geben soll. Denn dir steht ihr Erbe zu, weil du ihr einziger Ver-
wandter bist. Das Mädchen ist schön und klug. 13 Darum hör mir zu!
Ich will mit ihrem Vater sprechen, und wenn wir aus Rages zurück-
kommen, feiern wir die Hochzeit. Denn ich weiß, daß Raguël sie
nach dem Gesetz des Mose keinem anderen Mann geben darf, sonst
wird er mit dem Tod bestraft; denn du hast vor allen anderen An-
spruch auf ihr Erbe. 14 Der junge Tobias antwortete: Asarja, Bruder,
ich habe gehört, daß das Mädchen schon mit sieben Männern verhei-
ratet war, daß aber alle im Brautgemach gestorben sind. 15 Ich bin der
einzige Sohn meines Vaters und habe Angst, daß ich ebenso sterben
muß wie die anderen Männer, wenn ich das Brautgemach betrete.
Ein Dämon liebt sie und bringt alle um, die ihr nahekommen. Darum
habe ich Angst, daß ich sterben muß und daß ich dann meinen Vater Gen 44,29.31
und meine Mutter aus Kummer um mich ins Grab bringe. Sie haben
keinen zweiten Sohn, der sie dann begraben könnte. 16 Da sagte der
Engel zu ihm: Erinnerst du dich nicht mehr, wie dein Vater dir aufge-

6,15 Und bringt… nahekommen, wörtlich: der niemand etwas zuleide tut als denen, die sich ihr nähern.

Erbe zu. Zudem rühmt Rafael ihren Charakter und ihre Schönheit. Da er allein um die Verwandtschaft der beiden Einzelkinder weiß, handelt er über den Auftrag des Tobit hinaus getreu der Anordnung des mosaischen Gesetzes. Er ist sich aber sicher, daß er damit auch in der Absicht des Tobit handelt, dessen Aufgabe und Funktion bei der von ihm angeregten Eheschließung er dann übernimmt. Von daher erklären sich die Eindeutigkeit und die entschlossene Bestimmtheit im Auftreten des Engels. 14f Die Aufforderung des Rafael auf der einen Seite und das Wissen des Tobias um die eigentümliche Notlage der Sara auf der anderen Seite führen den jungen Mann in ein qualvolles Dilemma, das er 15 unverhohlen äußert. Dabei nimmt er auf sein verwandtschaftliches Verhältnis zu Sara nicht Bezug. Denn aus seinem gesetzlichen Recht, Sara zu heiraten, leitet er keinerlei Hoffnung auf einen besonderen göttlichen Schutz vor dem Dämon ab. Seine Sorge in solcher Pflichtenkollision begründet er ähnlich wie Sara 3,10 mit der notwendigen Rücksichtnahme auf seine Eltern: Er verweist darauf, daß er das einzige Kind seines Vaters ist. Daher entgegnet er seinem Begleiter, daß er sich fürchte, genau wie die anderen Männer vor ihm sterben zu müssen, sobald er das Brautgemach betrete. Erstaunlich ist, daß Tobias bei seiner Erwiderung Anteil an dem sonst nur Gott und Rafael (3,17) vorbehaltenen Wissen äußert. Seine Antwort an den Engel ist jedoch eher als starker Einwand denn als endgültige Absage zu verstehen. Erst wenn sich für Tobias das todbringende Problem, das der Dämon darstellt, zufriedenstellend klären und bewältigen läßt, kann er dem Plan des Engels zustimmen. 16–18 Die Antwort Rafaels enthält zwei Aussagen, die vor allem Sara betreffen; sie rahmen die zentrale Ankündigung der Rettungstat durch Tobias ein. Der Gefährte weist einmal auf die Ermahnungen des Vaters

tragen hat, nur eine Frau aus deinem Volk zu heiraten? Darum hör
jetzt auf mich, Bruder! Sie wird deine Frau werden. Und mach dir
keine Sorgen wegen des Dämons! Noch in dieser Nacht wird sie
deine Frau. 17 Wenn du in das Brautgemach gehst, nimm etwas Glut
aus dem Räucherbecken, leg ein Stück vom Herz und von der Leber
des Fisches darauf, und laß es verbrennen! Sobald der Dämon den
Geruch spürt, wird er fliehen und in alle Ewigkeit nicht mehr zurück-
kommen. 18 Wenn du dann zu ihr gehst, steht beide auf und ruft den
barmherzigen Gott an; er wird euch helfen und Erbarmen mit euch
haben. Hab also keine Angst; das Mädchen ist schon immer für dich
bestimmt gewesen. Du wirst sie aus ihrer Not befreien; sie wird mit
dir ziehen und wird dir gewiß Kinder schenken. 19 Als Tobias das
hörte, faßte er Zuneigung zu dem Mädchen, und sein Herz gehörte
ihr.

6[18] Gewiß, wörtlich: ich nehme an, daß.

an ihn hin, nur eine Frau aus dem eigenen Stamm zu heiraten, wie es die Patriarchen getan haben (4[12f]). Er verstärkt dann das allgemeingültige Motiv der gesetzlichen Verpflichtung dazu durch ein persönliches. Die Gefahr, die vom Dämon droht, wird dabei weder bagatellisiert noch gar als leeres Gerede abgetan, sondern als durchaus existent anerkannt. Das Vorgehen, das Rafael dem Tobias in dieser Notsituation empfiehlt, greift auf die allgemeine Aussage [8] zurück. Die Vertreibung des Dämons wird auf den Geruch des Räucherwerks zurückgeführt, also auf ein natürliches Mittel. Darüber hinaus werden Tobias und Sara aufgefordert, im Gebet Gott anzurufen. Darin drückt sich eine allgemeine biblische Grundhaltung aus: Unter Gebet sollen die Mittel der Natur zur Gesundung eingesetzt werden; denn der Mensch verdankt auch sie dem Schöpfergott, vgl. die Aussage in Sir 38[9–14], wo das Gebet zu Gott und die Konsultation des Arztes miteinander eng verbunden werden und gemeinsam die Heilung bewirken. Daß Sara für immer dem Tobias als Frau bestimmt ist, ist ein ausdrückliches Bekenntnis zum Vorsehungsglauben, der sich in dieser Klarheit sonst kaum im AT vorfindet. Das Schicksal jedes einzelnen ist demnach im ewigen Ratschluß Gottes vorbestimmt. Daher führt die Rettungstat des Tobias an Sara zum Segen; denn sie soll nach Gottes Plan seine Frau werden und ihm Kinder schenken. Darin erfährt auch ihr scheinbar zur Sinnlosigkeit verurteiltes Leben einen neuen und tiefen Sinn und darin wird sich der Segen der göttlichen Vorsehung an beiden Brautleuten enthüllen. In diesem Zug ist ein zentraler Leitgedanke von Tob zu sehen. [19] Nach biblischer Auffassung sind nämlich die ganz persönlichen Gefühle und Empfindungen wie Liebe und Zuneigung nicht rein psychologisch zu deuten, sondern, da sie in den Heilsplan Gottes eingebettet sind, theologisch von der Schöpfungsvorstellung und vom Glauben an die göttliche Vorsehung her zu verstehen. Sie ruhen im rechten Vertrauen auf die göttliche Fürsorge und auf der Treue zum Gesetz. So wächst dem Tobias aus dem Wort des Engels der Mut zur Liebe zu seiner zukünftigen Frau. Er sieht nunmehr hinter die verborgenen Zusammenhänge im göttlichen Plan und ist bereit, sie Wirklichkeit werden zu lassen.

### *Die Ankunft bei den Verwandten:* $7^{1-8}$

7 1 Als sie in Ekbatana beim Haus Raguëls angelangt waren, kam ih-
nen Sara entgegen und hieß sie willkommen. Sie erwiderten ihren
Gruß, und Sara führte sie ins Haus. 2 Da sagte Raguël zu seiner Frau
Edna: Wie sieht doch dieser junge Mann meinem Vetter Tobit ähn-
lich! 3 Raguël fragte die beiden: Woher seid ihr, liebe Brüder? Sie ant-
worteten: Wir gehören zu den Leuten vom Stamm Naftali, die in Ni-
nive in der Gefangenschaft leben. 4 Da fragte er sie: Kennt ihr unse-
ren Bruder Tobit? Sie sagten: Wir kennen ihn. 5 Er fragte weiter:
Geht es ihm gut? Sie antworteten: Er lebt und ist gesund. Tobias
fügte hinzu: Er ist mein Vater. 6 Da sprang Raguël auf und umarmte
ihn unter Tränen; er segnete ihn und sagte: Du bist der Sohn eines
guten und edlen Mannes. Als er dann hörte, daß Tobit das Augen-
licht verloren hatte, wurde er traurig und weinte; 7 auch seine Frau
Edna und seine Tochter Sara brachen in Tränen aus.
Man nahm die beiden Gäste herzlich auf. 8 Man schlachtete einen
Widder und setzte ihnen ein reiches Mahl vor.

### *Tobias und Sara:* $7^{9-17}$

9 Da bat Tobias den Rafael: Asarja, mein Bruder, bring doch zur
Sprache, worüber du unterwegs mit mir geredet hast, damit die Sache
zu einem glücklichen Ende kommt. 10 Rafael teilte Raguël alles mit.

$7^{1}$ Am auffälligen Verhalten der Sara ist ihre erstaunliche Selbständigkeit wie insgesamt die besondere Art des jüdischen Lebens in der vielgestaltigen Diaspora zu erkennen. Vielleicht ist der hier berichtete Zug Gen $24^{13-15}$ nachgeahmt, wonach Eliëser gleichfalls zunächst Rebekka, die Braut Isaaks trifft. $^{2-5}$ In psychologisch trefflicher Weise stellt Raguël die auffallende Ähnlichkeit des Tobias mit Tobit heraus. Es entspricht den Regeln der orientalischen Höflichkeit, sich fürs erste nur nach der Identität der ankommenden Gäste zu erkundigen, sie dann zu bewirten, ehe man schließlich Fragen nach dem eigentlichen Anliegen des Besuchs stellt. In den Mittelpunkt des Gesprächs wird darauf bald Tobit, der Vetter des Raguël gerückt, auf den sich die ganze Aufmerksamkeit konzentriert bis hin zum Höhepunkt in der Aussage des Tobias, der ihn als seinen Vater bezeichnet. $^{6-8}$ Mit reichen Gesten und lobenden Worten wird Tobias von der Familie seiner Verwandten der Willkommensgruß entboten. Die Kunde vom Mißgeschick des Vaters stimmt alle traurig. Das hindert jedoch nicht die gastfreundliche Aufnahme der beiden Reisenden, ist auch kein Hindernis dafür, sie reichlich zu bewirten. Auffällig ist, daß Rafael bei dieser Szene ganz in den Hintergrund tritt. $^{9}$ Auf Bitten des Tobias übernimmt er schließlich den Dienst des Brautwerbers. Diese besondere Vermittlertätigkeit ist in das talmudische Recht eingegangen. Bis heute spielt im Eherecht des konservativen Judentums der Schadchen = Brautwerber eine bedeutende Rolle. $^{10f}$ Raguël ist

Darauf sagte Raguël zu Tobias: Iß und trink, und laß es dir gut ge-
hen! Du hast einen Anspruch darauf, mein Kind zu heiraten. Ich muß
dir aber die Wahrheit sagen. 11 Ich habe meine Tochter schon sieben
Männern zur Frau gegeben; doch jeder, der zu ihr ins Brautgemach
ging, ist noch in derselben Nacht gestorben. Aber laß es dir jetzt
trotzdem gut gehen! 12 Tobias erwiderte: Ich will nichts essen, ehe ihr
sie mir nicht feierlich zur Frau gegeben habt. Da sagte Raguël: Du
sollst sie bekommen, sie ist von jetzt an nach Recht und Gesetz deine
Frau. Du bist mit ihr verwandt; sie gehört dir. Der barmherzige Gott
schenke euch viel Glück. 13 Und er ließ seine Tochter Sara rufen,
nahm sie bei der Hand und gab sie Tobias zur Frau; er sagte: Hier,
sie ist dein nach dem Gesetz des Mose. Führ sie zu deinem Vater!
Und er segnete sie. 14 Dann rief er seine Frau Edna herbei, nahm ein
Blatt Papier, schrieb den Ehevertrag, und man setzte das Siegel dar-
unter. Darauf begannen sie mit dem Mahl.
15 Raguël rief seine Frau Edna und sagte zu ihr: Schwester, richte das
andere Zimmer her, und führ Sara hinein. 16 Sie tat, was er sagte, und
führte sie hinein. Sara aber begann zu weinen. Ihre Mutter trocknete
ihr die Tränen und tröstete sie: 17 Hab Vertrauen, mein Kind! Nach
so viel Leid schenke dir der Herr des Himmels und der Erde endlich
Freude. Hab nur Vertrauen, meine Tochter!

$7^{13}$ Hier... Mose, wörtlich: Siehe, nach dem Gesetz des Mose nimm sie!

grundsätzlich gewillt, der Werbung um seine Tochter stattzugeben, hält doch auch er sich an die Vorschriften des mosaischen Gesetzes. Aber er macht auf die unglückvollen Geschehnisse bei den bisherigen Heiratsversuchen der Sara aufmerksam. Vielleicht will er mit seinem Hinweis aber auch die Angelegenheit hinausschieben und Zeit für ihre Klärung gewinnen, vgl. $^{11b}$. $^{12f}$ Doch Tobias drängt auf sofortige Entscheidung, vgl. Gen $24^{33}$. So erklärt sich endlich auch der Vater mit der Eheschließung einverstanden, weil die Vermählung nach Gottes Gesetz erfolgt. Seine ganze Hoffnung setzt er bei seiner Einwilligung auf die Verheißungen, die Gott an die Gesetzestreue geknüpft hat. Daraufhin verheiratet er seine Tochter Sara nach dem mosaischen Gesetz an ihren Verwandten Tobias, dem es als erstem zusteht, mit ihr die Ehe einzugehen. $^{14}$ Erstmals in der Bibel erfahren wir hierbei von einem Ehevertrag, der später nach talmudischem Recht als *K*$^{e}$*tuba* = Eheurkunde vorgeschrieben wird. Das AT selbst kannte bisher nur den Scheidebrief Dtn $24^{1-3}$ Jes $50^{1}$ Jer $3^{8}$. Das Siegel ersetzt wie heute noch vielfach im Orient die eigenhändige Unterschrift. In Ägypten und Babylon war der schriftliche Ehevertrag üblich, nach dem Codex Hammurabi (§ 128) zur Rechtsgültigkeit der Ehe sogar notwendig und vorgeschrieben. $^{15-17}$ Das andere Zimmer ist das Brautgemach. Die Mutter muntert ihre Tochter verständlicherweise auf und spricht ihr Mut zu. Ihr Segenswunsch legt die Angelegenheit letztlich in die Hand Gottes. Im Vertrauen auf Gott überwinden Raguël, Edna und Sara endlich ihre Angst und Sorge. Daß die Neuvermählte zuerst in das Brautgemach eingeführt wird, entspricht einer alten Sitte, vgl. Gen $29^{23}$.

*Die glücklichen Brautleute:* 8[1–9]

8[1] Nach der Mahlzeit führten sie Tobias zu Sara. [2] Als er hineinging,
erinnerte er sich an die Worte Rafaels; er nahm etwas Glut aus dem
Räucherbecken, legte das Herz und die Leber des Fisches darauf und
ließ es verbrennen. [3] Sobald der Dämon den Geruch spürte, floh er in
den hintersten Winkel Ägyptens; dort wurde er von dem Engel gefes-
selt.
[4] Als Tobias und Sara in der Kammer allein waren, erhob sich Tobias
vom Lager und sagte: Steh auf, Schwester, wir wollen beten, damit
der Herr Erbarmen mit uns hat. [5] Und er begann zu beten: Sei geprie-

8[1] Nach der Mahlzeit führen die Brauteltern dann auch den Bräutigam in das Brautgemach; so bereiten sie die Hochzeitsnacht vor.

[2f] Dabei erinnert Tobias sich als erstes an den Rat Rafaels 6[4.8], er befolgt ihn genau und greift damit den Dämon an. Daß dieser, nachdem er den Geruch wahrgenommen hatte, in den hintersten Winkel Ägyptens flieht, deutet auf die außerordentliche Wirksamkeit des Angriffs und auf eine unverkennbare Schwäche des Dämons hin. Gegen den Geruch ist er machtlos; seine Flucht in die menschenleere Wüste Oberägyptens beraubt ihn seiner Wirkmöglichkeit vollends. Daß der Engel ihn überdies fesselt, vgl. Offb 20[2], besagt, daß der Dämon als Gefahr für Tobias und Sara nunmehr gänzlich ausgeschaltet ist. Beim hintersten Winkel Ägyptens ist an die zu beiden Seiten des oberen Niltals sich ausbreitende Wüste zu denken. Öde Plätze gelten dem antiken Volksglauben gemeinhin als Aufenthaltsorte der Dämonen, vgl. Mt 12[43] Lk 11[24]. Die Überlegenheit Rafaels über den Dämon wird mithin doppelt beschrieben. Einmal gibt er dem Tobias den entscheidenden Hinweis auf das wirksame Mittel und befähigt ihn damit zum Angriff gegen den Dämon, dann vollendet er das gemeinsame Werk von Engel und Mensch. Die zweifache Tätigkeit läßt Rafael dabei in zwei verschiedenen Gestalten auftreten und auf zwei Ebenen tätig werden, als leibhaft gegenwärtigen Reisebegleiter Asarja und als unsichtbaren Engel, der letzten Endes dank seiner übermenschlichen Kraft den Dämon besiegt.

[4–8] Das Gebet des Tobias, in das Sara einstimmt, ist als Lobpreis und Bittgebet zu charakterisieren. Der Lobpreis gleicht dem Gebet der Sara 3[11] fast wörtlich. Hier wird allerdings der Begriff »alle deine Werke« in »die Himmel und alle deine Geschöpfe« unterteilt. Ähnlich wie in Ps 19[2] 93[3] 98[7] Jes 55[12] wird die leblose Schöpfung dabei personifiziert, vgl. auch den Lobpreis Gen 24[26f]. Der Lobpreis wird erweitert und der Situation entsprechend konkretisiert durch den Hinweis auf die Großtat Gottes, die in der Gründung der ehelichen Gemeinschaft zwischen Mann und Frau besteht. Die Erwähnung von Gen 2[18] gilt dem Beter als Erhörungsmotiv. Dazu tritt die subjektive Verfassung des Beters, er wird durch die rechte Gesinnung wahrer Liebe geleitet, die Ehe mit Sara nach dem mosaischen Gesetz einzugehen und zu vollziehen, nicht jedoch wird er von niederen Motiven und Trieben beherrscht. Die kurze Bitte um ein gemeinsames, langes Leben und um hohes Alter beschließt

sen, Gott unserer Väter; gepriesen sei dein heiliger und ruhmreicher
Name in alle Ewigkeit. Die Himmel und alle deine Geschöpfe müssen
dich preisen. 6 Du hast Adam erschaffen und hast ihm Eva zur Frau
gegeben, damit sie ihm hilft und ihn ergänzt. Von ihnen stammen alle
Gen $2^{18}$ Menschen ab. Du sagtest: Es ist nicht gut, daß der Mensch allein ist;
wir wollen für ihn einen Menschen machen, der ihm hilft und zu ihm
paßt. 7 Darum, Herr, nehme ich diese meine Schwester auch nicht aus
reiner Lust zur Frau, sondern aus wahrer Liebe. Hab Erbarmen mit
mir, und laß mich gemeinsam mit ihr ein hohes Alter erreichen! 8 Und
Sara sagte zusammen mit ihm: Amen. 9 Und beide schliefen die
Nacht über miteinander.

### *Raguëls Freude:* $8^{10-21}$

10 Morgens stand Raguël auf, ging hinaus und hob ein Grab aus. Er
dachte: Sicher ist auch dieser Mann gestorben. 11 Als er wieder ins
Haus kam, 12 sagte er zu seiner Frau Edna: Schick eine Magd hinauf;
sie soll nachsehen, ob er noch lebt. Wenn er nicht mehr lebt, wollen
wir ihn begraben, ohne daß es jemand merkt. 13 Die Magd öffnete die
Tür, ging hinein und sah, daß die beiden schliefen. 14 Sie ging wieder
hinaus und berichtete ihnen, Tobias sei noch am Leben. 15 Da pries
Raguël Gott und betete: Sei gepriesen, Gott, mit reinem und heiligem
Lobpreis. Deine Heiligen und alle deine Geschöpfe sollen dich prei-
sen. Alle deine Engel und alle deine Auserwählten sollen dich preisen

das Gebet, das Sara gleichfalls durch ihr Amen sich zu eigen macht, vgl. 1 Kor $14^{16}$. 10f Die Sorge des Raguël und seine Vorsichtsmaßnahme beweisen, daß die Bannung und die Unschädlichmachung des Dämons sich im Verborgenen und ohne Kenntnisnahme durch die Brauteltern ereignet haben. Sollte auch dem neuen Bräutigam ein tödliches Geschick zugestoßen sein, dann will Raguël diesen Toten unauffällig begraben. Da Tobias ein unbekannter Fremdling ist, kann das, ohne weiteres Aufsehen zu erregen, geschehen. 12–14 Angst und Sorge veranlassen verständlicherweise die Eltern, zunächst eine Magd ins Brautzimmer zu schicken, die diesen Auftrag aus begreiflicher Neugier gern übernimmt. 15–18 Die frohe Nachricht durch die Magd löst bei Raguël einen jubelnden Lobpreis Gottes aus. Für den biblischen Menschen ist das Lob Gottes nicht nur Ausdruck der Herzensstimmung, sondern vor allem objektiver Kultvollzug. Die »Heiligen« wird als synonymer Ausdruck für die Gläubigen im Volke Israel gebraucht, vgl. Ps $34^{10}$ Dan $8^{24}$. Auch die Engel werden ausdrücklich als Träger des Lobpreises genannt, weil sie nahe vor Gott stehen und im Lobpreis Gottes ihre wichtigste und vornehmste Tätigkeit besteht $3^{17}$. Überdies spielt der Verfasser auf die besondere Bedeutung und das Tun des Engels Rafael an, der Gottes Macht in Tob in einzigartiger Weise wirksam werden läßt. Der eigentliche Anlaß zum Dank ist die Rettung der beiden, die die einzigen Kinder ihrer Eltern sind. Wie »die Klage um den Einzigen« Sach $12^{10}$ besonders schmerzhaft ist, so wird die Freude über die Rettung der Einzigen Anlaß

in alle Ewigkeit. [16] Sei gepriesen, weil du mir diese Freude bereitet
hast und weil nicht eingetroffen ist, was ich befürchtet habe. Du hast
uns in deiner großen Barmherzigkeit geholfen. [17] Sei gepriesen, weil
du mit diesen beiden Menschen Erbarmen hattest, die die einzigen
Kinder ihrer Eltern sind. Herr, hab Erbarmen mit ihnen, und laß sie
ihr Leben in Gesundheit und Freude verbringen, geschützt von dei-
nem Erbarmen! [18] Dann befahl er seinen Knechten, das Grab wieder
zuzuschütten.
[19] Er veranstaltete für das Paar ein Hochzeitsfest, das vierzehn Tage
dauerte, [20] und noch vor Beendigung der Hochzeitsfeier beschwor er
Tobias, nicht abzureisen, ehe die vierzehn Tage des Festes zu Ende
seien. [21] Dann solle er die Hälfte seines Vermögens in Empfang neh-
men und wohlbehalten zu seinem Vater zurückkehren. Das übrige,
sagte er, wirst du erhalten, wenn ich und meine Frau tot sind.

### *Rafaels Freundesdienst:* 9[1–6]

9[1] Tobias rief Rafael und sagte zu ihm: [2] Asarja, mein Bruder, nimm
einen Knecht und zwei Kamele, und reise nach Rages in Medien zu
Gabaël. Hol mir das Geld, und bring Gabaël zur Hochzeit mit!

8[21] Wirst du erhalten, sinngemäß ergänzt, vgl. G[II].

zu höchstem Jubel. Erneut schließt eine knappe Bitte den Lobpreis des Raguël ab. Da nunmehr Geheimhaltung nicht mehr vonnöten ist, läßt er durch seine Knechte das Grab wieder zuschütten – Ausdruck seiner Freude darüber, daß seine tiefe seelische Not gänzlich von ihm gewichen ist. An die Stelle des befürchteten Begräbnisses tritt das frohe Hochzeitsfest. [19–21] Damit ist der eine Teil des Plans Rafaels endgültig ausgeführt: Sara ist durch Tobias gerettet, Tobias durch das Hören auf den Engel und durch das Eingreifen Rafaels vor dem Tode bewahrt. Von daher ist leicht zu verstehen, daß diese außergewöhnliche Hochzeit doppelt so lange gefeiert wird, als es Brauch war, vgl. 11[19] Gen 29[27] Ri 14[12]. Damit wird aber auch unterstrichen, daß die nach dem Gesetz des Mose rechtmäßig geschlossene Ehe in Tob besonders herausgestellt werden soll. Das Versprechen, das Raguël seinem Schwiegersohn abnimmt, wird nach der wachsenden Neigung im späteren Judentum als Schwur bezeichnet. Die Frage der Mitgift wird bei einem solch ungewöhnlichen Eheabschluß erst nachträglich geregelt; von einer Brautgabe des Tobias an Sara ist übrigens nicht die Rede. Doch diese Angelegenheit liegt außerhalb des Gesichtskreises des Erzählers, dem es nicht um die Einzelheiten eines historischen Ereignisses, sondern um die beispielhafte Darstellung der Ehe nach Num 27[1–11] zu tun ist.

9[1–6] Ein Zwischenbericht – wohl eine spätere Erweiterung – unterbricht den Lauf der Erzählung. Tobias beauftragt seinen Bruder Asarja, der ihm längst zum vertrauten Freund geworden ist, mit einer kleinen Karawane das Gelddepot seines Vaters von Gabaël zu holen. Die Entfernung zwischen Ekbatana und Rages beträgt etwa 360 km. Bei einer normalen Tagesleistung von 30 km wä-

3 Denn Raguël hat mich beschworen, noch nicht wegzugehen. 4 Mein
Vater zählt die Tage, und wenn ich zu lange fortbleibe, wird er sich
große Sorgen machen. 5 Rafael reiste ab, blieb die Nacht über bei Ga-
baël und legte ihm den Schuldschein vor. Gabaël holte die versiegel-
ten Beutel und gab sie ihm. 6 Am frühen Morgen brachen sie gemein-
sam auf und kamen zur Hochzeit. Und Tobias pries seine Frau.

### *Tobit und Hanna in Sorge:* $10^{1-7}$

10 1 Inzwischen zählte sein Vater Tobit die Tage. Als die Zeit um war,
die für die Reise vorgesehen war, und die beiden nicht zurückkamen,
2 dachte er: Vielleicht hat man sie abgewiesen, oder Gabaël ist gestor-
ben, und niemand ist da, der Tobias das Geld gibt. 3 Und er machte
sich große Sorgen. 4 Seine Frau sagte zu ihm: Unserem Sohn ist etwas
zugestoßen; deshalb kommt er nicht. Sie begann schon, ihn zu bewei-
nen, und klagte: 5 Alles ist mir gleichgültig geworden, mein Kind, seit
ich dich, das Licht meiner Augen, weggehen ließ. 6 Tobit sagte zu ihr:
Sei ruhig, mach dir keine Sorgen; es geht ihm gut. 7 Sie aber antwor-

ren für Hin- und Rückreise 24 Tage erforderlich. Dann könnte Gabaël unmöglich rechtzeitig zur Hochzeit kommen. Daß die Hochzeitsfeier aber erst nach dem Eintreffen von Gabaël beginnen soll, liegt wohl in der Intention des Textes. Zudem wäre so auch das eigentliche Ziel des Tobias, Zeit zu gewinnen, um bald nach Ninive heimzukehren, nicht zu erreichen. Der Verfasser von Tob läßt die Szene daher in einer Ideallandschaft spielen, in der er die Entfernung der Städte den Bedürfnissen der Erzählung gemäß verkürzt und die Zeiten seiner Darstellungsabsicht entsprechend rafft. Auf diese Weise betont er als überzeitlich gültige Glaubenseinsicht, daß das Leben des Volkes Israel und der einzelnen Gläubigen im Alltag nach der Weisung der Offenbarung immerfort unter dem besonderen Schutz und Segen Gottes steht – eine theologische Leitlinie von Tob, hinter der das geschichtliche Ereignis in seinem zeitlichen Ablauf geradezu bedeutungslos wird.

$10^{1-3.1}$ greift die Aussage von $9^{4}$ auf. Der Vater, den sein Sohn richtig beurteilt, macht sich Sorgen, nachdem die für die Reise in Aussicht genommene Zeit abgelaufen ist. Die Sorgen betreffen jedoch nicht so sehr das Leben und Wohlergehen des Tobias, vgl. $5^{21f}$. Er denkt vielmehr daran, daß die Reise erfolglos geblieben ist und ihr Ziel, das bei Gabaël hinterlegte Geld zu erhalten, nicht erreicht werden konnte. $^{4f}$ Die Mutter dagegen befürchtet, daß dem Sohn etwas zugestoßen ist; sie gibt ihn verloren und beginnt um ihn bereits die Totenklage. Der Erzähler versteht es in diesen Versen denkbar geschickt, der jeweiligen Lage entsprechend das seelische Verhalten und die Gemütslage der handelnden Personen zu schildern. $^{6f}$ Den Versuchen ihres Mannes, sie zu beruhigen und zu trösten, setzt Hanna heftigen Widerstand entgegen. Trotz der starken Resignation, die sie befallen hat, hofft sie im tiefsten Herzen doch auf ein Wiedersehen mit ihrem Sohn und so hält sie unablässig Ausschau nach ihm. Die Inkonsequenz ihres Verhaltens wird $^{7}$ in übertriebener Weise

tete: Schweig, du kannst mich nicht täuschen. Meinem Sohn ist etwas
zugestoßen. Und sie lief jeden Tag hinaus auf den Weg, auf dem er
fortgezogen war. Tagsüber aß sie nichts, und in der Nacht hörte sie
nicht auf, um ihren Sohn Tobias zu klagen, bis schließlich die vier-
zehn Tage der Hochzeitsfeierlichkeiten um waren, die Tobias auf die
beschwörenden Bitten Raguëls hin in Ekbatana verbrachte.

### *Tobias auf der Heimreise:* $10^{8-14}$

8 Nun aber bat Tobias den Raguël: Laß mich heimreisen, sonst geben Gen $24^{54f}$
mein Vater und meine Mutter die Hoffnung auf, mich je wiederzuse-
hen. 9 Sein Schwiegervater bat ihn: Bleib bei mir; ich will jemand zu
deinem Vater schicken und ihm sagen lassen, wie es dir geht. Doch
Tobias erwiderte: Nein, laß mich zu meinem Vater zurückkehren!
10 Da stand Raguël auf, vertraute ihm Sara als seine Frau an und gab
ihm die Hälfte seines Vermögens: Sklaven, Vieh und Geld. 11 Zum
Abschied segnete er sie und sagte: Meine Kinder, der Gott des Him-
mels möge euch mit Kindern segnen, ehe ich sterbe. 12 Und zu seiner
Tochter sagte er: Halte deine Schwiegereltern in Ehren; von jetzt an
sind sie deine Eltern. Ich möchte immer nur Gutes von dir hören.
Und er küßte sie. 13 Edna sagte zu Tobias: Lieber Bruder, der Herr
des Himmels geleite dich nach Hause. Er schenke mir das Glück, daß
ich von dir und meiner Tochter Sara noch Kinder sehe; dann will ich

$10^{11}$ Möge euch mit Kindern segnen, wörtlich: er gebe euch Gedeihen (εὐοδώσει) $G^{I}$; $G^{II}$ fügt hinzu: Möge ich eure Kinder sehen. Hs. A. u. a.: er (Gott) möge segnen, s. den Anfang des Verses.

$10^{13}$ Danken, in EÜ beigefügt.

beschrieben. Vor allem wird gesagt, daß sie sich die ganzen vierzehn Tage der Hochzeitsfeierlichkeiten hindurch so verhält. Die Unterschiede in Charakteranlage und im Verhalten Tobits und seiner Frau werden damit erneut trefflich gegeneinander abgehoben.

$^{8f}$ Das gleiche Anliegen beherrscht auch den Tobias. Er bittet seinen Schwiegervater nach Beendigung der Hochzeit eindringlich darum, unverzüglich heimreisen zu dürfen. Denn er macht sich ernsthafte Sorgen um seine Eltern. Den Vorschlag Raguëls, bei ihm zu bleiben, schlägt er entschieden aus und bestimmt ähnlich wie Jakob Gen 31 das Haus seiner Eltern als Wohnort für sich und seine Frau.

$^{10-12}$ Die guten Wünsche und die Ermahnung des Raguël an seine Tochter gewähren einen Einblick in die familiären Verhältnisse der biblischen Zeit, die einerseits von Zuneigung und Wohlwollen, andererseits aber auch von Autorität der Eltern ihren Kindern gegenüber bestimmt waren. $^{13f}$ Der Abschiedswunsch der Edna entspringt der verständlichen Freude des atl Menschen an einer zahlreichen Nachkommenschaft, vgl. Ps $128^{6}$. In ihr erfüllt sich der Segen Gottes, und die frohe Erwartung einer reichen Kinderschar wird Anlaß dafür, daß Tobias im Dank

mich freuen und dem Herrn danken. Ich vertraue dir meine Tochter
an. Mach ihr keinen Kummer! 14 Dann reiste Tobias ab. Er dankte
Gott, daß er seiner Reise so viel Erfolg beschieden hatte, und segnete
Raguël und seine Frau Edna.

## *Tobits Heilung:* $11^{1-15}$

11 1 Als sie auf ihrer Heimreise in die Nähe von Ninive kamen, sagte
Rafael zu Tobias: 2 Weißt du noch, Bruder, wie es deinem Vater
ging, als du ihn verlassen hast? 3 Wir wollen deshalb deiner Frau vor-
ausgehen und das Haus für ihren Empfang vorbereiten. 4 Nimm auch
die Galle des Fisches mit! Sie machten sich auf den Weg, und der
Hund lief hinter ihnen her.
5 Hanna saß am Weg und hielt nach ihrem Sohn Ausschau. 6 Als sie
ihn kommen sah, rief sie seinem Vater zu: Dein Sohn kommt zurück
und mit ihm der Mann, der ihn begleitet hat. 7 Rafael aber sagte zu
Tobias: Ich weiß, dein Vater wird wieder sehen können. 8 Streich ihm
die Galle auf die Augen! Sie wird zwar brennen; aber wenn er sich
die Augen reibt, wird er die weißen Flecken wegwischen und wird
dich wieder sehen können.

$11^{7}$ Wird... können, wörtlich: wird die Augen öffnen $G^{I}$; seine Augen werden aufgetan $G^{II}$.

gegen Gott und mit Segenswünschen für seine Schwiegereltern zur baldigen Heimreise aufbricht.

$11^{1-4}$ Auch der Ablauf des neuen Geschehens wird durch die Initiative des Rafael und darin Gottes bestimmt. Es verlohnt sich, in der ganzen Erzählung auf das Eingreifen des Engels und sein Zusammenspiel mit den handelnden Personen zu achten. So gewinnen Tobias und sein Begleiter leicht einen Vorsprung vor der Karawane mit den langsam ziehenden Herden. Daß der Hund hinter ihnen herläuft, will besagen, daß die beiden Reisegefährten in der gleichen Verfassung heimkehren, wie sie weggezogen sind $5^{17}$. Die Begründung für ihre Trennung von der Karawane liegt wohl weniger in der Absicht, das Elternhaus für den Empfang der jungen Frau gebührend vorzubereiten, als vielmehr in der baldigen Heilung des Vaters, für die der Engel entsprechend Vorsorge trägt. In sachlich glaubwürdiger und stilistisch trefflicher Weise wird $^{5-9}$ das Zusammentreffen mit der Mutter erzählt. Die Mutter, die die Heimkehrer zunächst sieht, berichtet das freudige Ereignis sofort dem Vater. Zum gleichen Zeitpunkt gibt Rafael dem Tobias sein Wissen, daß Tobit wieder wird sehen können, kund und vermittelt ihm die dazu notwendige Anweisung im Gebrauch der Fischgalle. Was der Engel rät, ist die Verwendung eines natürlichen Heilmittels. Auch die moderne Medizin bedient sich zur Heilung von Hornhautflecken chemischer Ätzmittel, die bis heute noch nach dem gleichen Prinzip eingesetzt werden.

Zwischen die herzliche, ja überschwengliche Begrüßung zunächst der Mutter, dann erst des Vaters wird die Heilung des Tobit durch seinen Sohn Tobias genau nach der

9 Hanna war inzwischen herbeigeeilt, fiel ihrem Sohn um den Hals
und rief: Ich habe dich wiedergesehen, mein Sohn, jetzt kann ich ru- Gen $46^{29f}$
hig sterben. Und beide brachen in Tränen aus.
10 Auch Tobit ver-
suchte, ihm entgegenzugehen, stolperte aber an der Tür. Da lief ihm
sein Sohn entgegen
11 und fing ihn auf. Und er strich seinem Vater
die Galle auf die Augen und sagte: Hab keine Angst, mein Vater!
12 Tobit rieb sich die Augen, weil sie brannten; da begannen die wei-
ßen Flecken sich von den Augenwinkeln aus abzulösen.
13 Und er
konnte seinen Sohn sehen, fiel ihm um den Hals und sagte unter Trä-
nen:
14 Sei gepriesen, Gott, gepriesen sei dein heiliger Name in Ewig-
keit. Gepriesen seien alle deine heiligen Engel. Du hast mich gezüch-
tigt und hast wieder Erbarmen mit mir gehabt. Denn ich darf meinen
Sohn Tobias wieder sehen.
15 Voll Freude ging der Sohn mit seinem
Vater ins Haus und erzählte ihm, was für wunderbare Dinge er in
Medien erlebt hatte.

### *Saras Ankunft:* $11^{16-19}$

16 Dann ging Tobit seiner Schwiegertochter bis an das Tor von Ninive
entgegen. Er war voll Freude und pries Gott, und alle, die ihn sahen,

Anweisung Rafaels zwischengeschaltet. 10–15 Mit gekonnten Strichen zeichnet der Verfasser die Begegnung des sehbehinderten Vaters mit dem Sohn, der noch vor dem üblichen Begrüßungszeremoniell dem Tobit die Fischgalle auf die Augen streicht. Die Begrüßung geht dann spontan in ein inniges Dankgebet zu Gott über, vgl. Sir $38^{1-14}$. Auffällig und abweichend von den bisherigen Doxologien ist in ihm die Tatsache, daß die Engel das dritte Glied des Lobpreises werden. Die enge Beziehung des Engels Rafael zu Gott nach dem Textzusammenhang dürfte zu dieser Aussage geführt haben. Vor allem liegt ein Moment der Spannung darin, daß Tobit nicht um den vollen Wahrheitsgehalt seines Gebets weiß, da ihm die Identität Rafaels noch verborgen ist. Im 3. Teil des Gebetes geht es nicht nur um das erbarmungsvolle Handeln Gottes an ihm, daß er wieder sehen kann, sondern vor allem darum, daß er seinen Sohn Tobias sehen kann. Weiter wird auf den Anlaß der Reise zurückgegriffen. Tobias sollte in Rages das deponierte Geld holen; letztlich hat er, äußerlich betrachtet, das Vorhaben seines Vaters nicht ausgeführt. Vielmehr hat er auf den Engel und damit auf Gott gehört. Die Ausführung des göttlichen Plans hat damit jedoch zu einer tieferreichenden umfassenden Erfüllung des väterlichen Auftrags und zur Rettung nicht nur für Tobit, sondern auch für Tobias und Sara geführt; all dies hat Gott als wunderbare Dinge gewirkt. Beispielhaft wird damit dargetan, daß und wie menschliches Handeln nach der Weisung Gottes von Gott selbst aufgegriffen, in einen weiteren von Gott geplanten Horizont hineingestellt und in einem tiefen Sinn verwirklicht wird.

16–19 Wiederum sind menschliches Tun und göttliche Fügung eng miteinander verwoben. Als Handlungsträger tritt jetzt Tobit auf. Sein Tun

staunten, daß er wieder sehen konnte. Tobit aber bezeugte ihnen,
daß Gott Erbarmen mit ihm gehabt hatte. 17 Als Tobit seiner Schwie-
gertochter begegnete, segnete er sie und sagte: Sei willkommen,
meine Tochter! Gepriesen sei Gott, der dich zu uns geführt hat, und
gesegnet seien dein Vater und deine Mutter. 18 Bei allen Brüdern aus
seinem Stamm in Ninive herrschte große Freude. 19 Auch Achikar
und sein Neffe Nadab kamen, und sieben Tage lang wurde die Hoch-
zeit des Tobias mit einem fröhlichen Fest gefeiert.

## *Rafaels Selbstoffenbarung:* $12^{1-22}$

12 1 Danach rief Tobit seinen Sohn Tobias zu sich und sagte: Mein
Sohn, vergiß nicht den Lohn für den Mann, der dich begleitet hat.
Du mußt ihm aber mehr geben, als wir ihm versprochen haben. 2 To-
bias antwortete: Vater, ich werde keinen Schaden erleiden, wenn ich
ihm die Hälfte von all dem gebe, was ich mitgebracht habe. 3 Denn er
hat mich gesund zu dir zurückgebracht; er hat meine Frau geheilt; er
hat mein Geld abgeholt, und auch dich hat er geheilt. 4 Da sagte der
alte Tobit: Ja, er hat es verdient. 5 Dann rief er den Engel zu sich und

$12^{1}$ Als ... haben, verdeutlichend hinzugefügt.

ist durchsetzt und getragen von Lob- und Dankgebet. Er nimmt seine Schwiegertochter, die Gott ihm ohne sein Zutun ins Haus geführt hat, mit offenen Armen auf. Die Freude über die wunderbaren Ereignisse springt schließlich auf die Glaubensgenossen in ganz Ninive über. Die überwältigenden Geschehnisse veranlassen Tobit überdies, ein neues Hochzeitsfest auszurichten, das nach biblischem Brauch sieben Tage lang gefeiert wird. Es wird gefeiert als Fest des Eintritts der jungen Frau in das Haus ihres Gatten. Denn im Verlassen des elterlichen Hauses durch die Braut und in ihrem Eintritt in das Haus des Gemahls besteht die Hauptzeremonie der biblischen Hochzeitsfeierlichkeiten. Als besondere Einzelheit wird die Anwesenheit Achikars erwähnt, der wohl von Elam $2^{10}$ zurückgekehrt ist und noch im besten Einvernehmen mit seinem Neffen Nadab steht.

12 stellt inhaltlich und formal eine geschlossene Sinneinheit dar, die den Abschluß und Höhepunkt der Weggeschichte, die von $4^{1}$ an einsetzt, bildet. Der anthologisch arbeitende Verfasser lehnt sich an Gen 17 und Ri 3 an. $^{1-3}$ Nach $5^{3.15f}$ will Tobit den Lohn für den Wegbegleiter selbst auszahlen; nunmehr delegiert er diese Aufgabe, in der der Kreis des Geschehens sich rundet, an seinen Sohn. Tobias ist von den Ereignissen so sehr berührt und so tief betroffen, daß er, weit über die Abmachung hinaus, die Hälfte seines neugewonnenen Vermögens abtreten will, etwas, was in der Bibel als Zeichen ungewöhnlicher Großzügigkeit gilt, vgl. Est $5^{3.6}$ $7^{2}$ Mk $6^{23}$. Mit dieser Absicht steigert er das ursprüngliche Vorhaben seines Vaters sehr und sprengt alle üblichen Tarife. Doch die vierfache Rechtfertigung in $^{3}$ läßt diese außergewöhnliche Entlohnung als durchaus angebracht erscheinen. $^{4f}$ Nachdem der Vater ohne Zögern einverstanden ist, ruft Tobit den

sagte: Nimm die Hälfte von allem, was ihr mitgebracht habt. 6 Der
Engel aber nahm die beiden beiseite und sagte zu ihnen: Preist Gott,
und lobt ihn! Gebt ihm die Ehre, und bezeugt vor allen Menschen,
was er für euch getan hat. Es ist gut, Gott zu preisen und seinen Na-
men zu verherrlichen und voll Ehrfurcht seine Taten zu verkünden.
Hört nie auf, ihn zu preisen. 7 Es ist gut, das Geheimnis eines Königs
zu wahren; die Taten Gottes aber soll man offen rühmen. Tut Gutes,
dann wird euch kein Unglück treffen. 8 Es ist gut, zu beten und zu fa-
sten, barmherzig und gerecht zu sein. Lieber wenig, aber gerecht, als
viel und ungerecht. Besser, barmherzig sein, als Gold aufhäufen.
9 Denn Barmherzigkeit rettet vor dem Tod und reinigt von jeder Dan $4^{24}$
Sünde. Wer barmherzig und gerecht ist, wird lange leben. 10 Wer aber
sündigt, ist der Feind des eigenen Lebens. 11 Ich will euch nichts ver-
heimlichen; ich habe gesagt: Es ist gut, das Geheimnis eines Königs
zu wahren; die Taten Gottes aber soll man offen rühmen. 12 Darum
sollt ihr wissen: Als ihr zu Gott flehtet, du und deine Schwiegertoch-
ter Sara, da habe ich euer Gebet vor den heiligen Gott gebracht. Und
ebenso bin ich in deiner Nähe gewesen, als du die Toten begraben $2^{4f}$

$12^{12}$ Darum sollt ihr wissen, wörtlich: und jetzt. – Euer Gebet, wörtlich: das Gedenken an euer Gebet.

Reisegefährten, der an dieser Stelle proleptisch bereits Engel genannt wird, herbei und unterbreitet ihm das überaus großzügige Angebot.

$^{6f}$ Daraufhin hebt Rafael zu seiner Schlußrede an, auf welche die ganze Erzählung hindrängt und in deren Verlauf er das Geheimnis seiner Person enthüllt. Das geschieht bewußt nur vor den beiden Hauptpersonen der Geschehnisse, vor Vater und Sohn, denen seine Sendung in erster Linie galt. Es geht dabei nicht um eine Zur-Schaustellung vor einem größeren Kreis, vgl. Mt $17^1$ Mk $7^{33}$. Nur zögernd und allmählich wird das Geheimnis enthüllt. Eingerahmt wird die hier eingefügte lange Lehrrede $^{6-20}$ durch die Aufforderung zum Lobpreis Gottes. Sie beweist ähnlich wie 4, daß es dem Verfasser wesentlich um die Kundgabe von Glaubenslehren und um Unterweisung in den Lehren der Weisheit zu tun ist. Das wird am Unterschied im Verschweigen der Geheimnisse des Königs, dagegen im öffentlichen Rühmen der göttlichen Taten eindrucksvoll zu Beginn gesagt. $^{8-10}$ Die Hochschätzung der Gebetspflicht an der Spitze der jüdischen Kardinaltugenden, Fasten und Werke der Barmherzigkeit, werden in der Diaspora mächtig gefördert. Barmherzigkeit wird im Sinne der Wohltätigkeit als Almosen verstanden und gehört zu den Hauptanliegen von Tob überhaupt. Die besondere Kraft des Almosens, Sünden zu tilgen, eine herausgehobene theologische Lehre in der spätnachexilischen Zeit, wird gleichfalls Dan $4^{24}$ Sir $3^{14f.30}$ betont. Wer aber gegenteilig handelt und sündigt, setzt sich der Gefahr aus, durch ein göttliches Strafgericht vorzeitig sterben zu müssen.

$^{11-15}$ Nach dieser allgemein gehaltenen Einleitung enthüllt Rafael endlich das Geheimnis seiner Mittlerrolle. Er hat die Gebete des Tobit $3^{1-6}$ und der Sara $3^{11-15}$ vor Gott getragen, vgl. Apg $10^4$, wonach das Gebet der Gläubigen bei Gott Gedächtnischarakter hat und Gott zum

hast. 13 Auch als du ohne zu zögern vom Tisch aufgestanden bist und
dein Essen stehengelassen hast, um einem Toten den letzten Dienst
zu erweisen, blieb mir deine gute Tat nicht verborgen, sondern ich
war bei dir. 14 Nun hat mich Gott auch gesandt, um dich und deine
Schwiegertochter Sara zu heilen. 15 Ich bin Rafael, einer von den sie-
ben heiligen Engeln, die das Gebet der Heiligen emportragen und mit
ihm vor die Majestät des heiligen Gottes treten.
16 Da erschraken die beiden und fielen voller Furcht vor ihm nieder.
17 Er aber sagte zu ihnen: Fürchtet euch nicht! Friede sei mit euch.

Heilshandeln an ihnen veranlassen soll. Gott erhält an dieser Stelle den auszeichnenden Würdenamen »die Majestät des Heiligen«, der an die Offenbarung seiner königlichen Majestät Jes $6^{3}$ erinnert. Von Jes $6^{3}$ her wird »der Heilige« in der späteren atl Literatur zunehmend Offenbarungsname Gottes, vgl. Jes $40^{25}$ $43^{15}$ Bar $4^{22}$ $5^{5}$ Hab $3^{3}$ Ijob $6^{10}$ Ps 99 Sir $23^{9}$. Die Gläubigen, die mit Gott im Bund stehen, werden »die Heiligen« genannt, vgl. Ps $34^{10}$ Dan $7^{18.22.27}$. Die Spannung zwischen »den Heiligen« und »dem Heiligen«, die damit angesprochene Verbindung Gottes und seines Volkes in der Bundesgemeinschaft gehört zu den theologischen Kerngedanken des AT überhaupt. Rafael war in allen Ereignissen nicht nur passiver Zuschauer des Betens von Tobit und Sara, sondern vor allem von Gott gesandter Zeuge, der in die Bewegung von den Menschen zu Gott hereingenommen ist, ihre Gebete zu Gott trägt, der andererseits aber auch in die Bewegung von Gott zu den Menschen hineingestellt ist, um Gottes Majestät in Heilung und Rettung sichtbar und spürbar an den Gott-Treuen zur Geltung zu bringen. Nach seiner Selbstvorstellung bewirkt zwar Rafael die Heilung an Sara und Tobit. Aber als Gesandter Gottes bringt er im heilenden Tun Gottes Majestät in ihrer Wirksamkeit zum Ausdruck. Der, der »Rafael = Gott hat geheilt« heißt, bringt Heilung nämlich ausschließlich von und durch Gott. – Zu den sieben Engeln, vgl. die sieben Geister Offb $1^{4}$ $3^{1}$; angespielt ist vielleicht auch auf die sieben Augen Jahwes Sach $4^{10}$. Daß die Engel Zutritt zu Gott haben, wird Ijob $1^{6}$ $2^{1}$ Dan $7^{10}$ ausdrucksstark bezeugt. Die sieben Engel mit den sieben Amesa Spenta der Religion des alten Iran in Verbindung zu bringen, verbietet sich deshalb, weil dort auch der oberste Gott Ahuramazda zu ihnen gehört. Auch kann kein Zusammenhang mit den sieben Planetengöttern der Religion Mesopotamiens hergestellt werden, zu denen die Göttin Ištar gehört. 16 Der Anblick eines überirdischen Wesens, besonders Gottes, ist für den Menschen gefährlich, ja nach Ex $33^{20}$ tödlich. Von daher wird die Furcht der Beteiligten als Reaktion auf die Kundgabe in der Selbstvorstellung Rafaels begreiflich, vgl. Ri $6^{22}$ $13^{22}$ Dan $10^{7}$ Mt $17^{6}$ Lk $2^{9}$ $24^{5}$ Apg $10^{4}$ Offb $1^{17}$. 17f Rafael antwortet darauf mit einer Ermutigungsformel, in deren Mittelpunkt der Friede steht, der nach biblischer Vorstellung alles beinhaltet, was zum leiblichen und seelischen Wohl des Menschen gehört, vgl. Ri $6^{23}$ Dan $10^{11f}$ Mt $17^{7}$ Lk $2^{14}$. Die erneute Aufforderung zum Lob Gottes begründet er mit dem Hinweis, daß sein Kommen nicht auf seine eigene Initiative, sondern auf den Willen Gottes zurückgeht. Deswegen stellt Rafael sich ganz unter Gott, in des-

Preist Gott in Ewigkeit! [18] Nicht weil ich euch eine Gunst erweisen
wollte, sondern weil unser Gott es wollte, bin ich zu euch gekommen.
Darum preist ihn in Ewigkeit! [19] Während der ganzen Zeit, in der ihr
mich gesehen habt, habe ich nichts gegessen und getrunken; ihr habt
nur eine Erscheinung gesehen. [20] Jetzt aber dankt Gott! Ich steige
wieder auf zu dem, der mich gesandt hat. Doch ihr sollt alles, was ge-
schehen ist, in einem Buch aufschreiben.
[21] Als sie wieder aufstanden, sahen sie ihn nicht mehr. [22] Und sie ver-
kündeten überall, welch große und wunderbare Dinge Gott getan
hatte und daß ihnen der Engel des Herrn erschienen war.

## DER LOBPREIS DES RETTERGOTTES UND LETZTE MAHNUNGEN: 13[1]–14[15]

### *Tobits Lobgesang:* 13[1–18]

13[1] Und Tobit schrieb zum Lobpreis Gottes ein Gebet nieder:
[2] Gepriesen sei Gott, der in Ewigkeit lebt,
sein Königtum sei gepriesen.

12[22] Überall, in EÜ beigefügt.
13[1] Zum Lobpreis Gottes, wörtlich: zur Freude.

sen huldvoller Zuwendung zu den Menschen sein Kommen letztlich gründet. So wird begreiflich, daß er eigentlich nicht von sich, sondern von Gott spricht; Gottes Weisung und der göttlichen Hilfe für die Menschen verdanken die Betroffenen das ganze Geschehen, das ihrem Wohl dient. [19] Denn in Rafael selbst haben Tobit und seine Familie nicht einen wirklichen, sondern nur einen visionären Menschen erlebt. Daher wird auch die Entlohnung hinfällig; denn Rafael gehört der transzendenten Welt Gottes, aber nicht der irdischen Welt der Menschen an. [20] Wie es Ex 17[14] geschieht, soll auch dieses wunderbare Geschehen in einem Buch der Nachwelt überliefert werden. Die erneute Mahnung, Gott zu danken, wird damit begründet, daß Rafael nunmehr, nachdem der göttliche Plan durch ihn verwirklicht ist, zu Gott, der ihn gesandt hat, aufsteigt. Künftig sollen Tobit und Tobias sich unmittelbar an Gott wenden; denn die Mission des Rafael an ihnen ist endgültig beendet. [21f] Neben dem Auftrag, Gott ständig zu loben, sollen sie hinfort ihr Leben lang zu Zeugen seiner Großtaten in ihrer Mitwelt werden. Denn den göttlichen Heilserweis erfahren zu haben, macht die Betroffenen notwendig zum Verkünder. Auch diese Tatsache läßt sich als durchgängiges Gesetz in der Offenbarung erkennen, vgl. Ps 22.

13 Das Ende des Buches rückt wie sein Beginn Tobit wieder in den Mittelpunkt der Ereignisse. [1] Treu der Weisung Rafaels hebt Tobit jetzt zu einem großen Lobpreis Gottes an. Das hier eingefügte Loblied entspricht seiner Stellung nach einer durchgängigen Grundanlage biblischer Textkomplexe: Sie berichten insgesamt rühmend und preisend

Dtn 32[39] 1 Sam 2[6] Hos 6[1]

Er züchtigt und hat auch wieder Erbarmen;
er führt hinab in die Unterwelt
und führt auch wieder zum Leben.
Niemand kann seiner Macht entfliehen.
3 Bekennt euch zu ihm vor allen Völkern,
ihr Kinder Israels;
denn er selbst hat uns unter die Völker zerstreut.
4 Verkündet dort seine erhabene Größe,
preist ihn laut vor allem, was lebt.
Denn er ist unser Herr und Gott,
er ist unser Vater in alle Ewigkeit.
5 Er züchtigt uns wegen unserer Sünden,
doch hat er auch wieder Erbarmen.
Er führt uns aus allen Völkern zusammen,
von überall her, wohin ihr verschleppt worden seid.

Sach 1[3] Mal 3[7]

6 Wenn ihr zu ihm umkehrt,
von ganzem Herzen und aus ganzer Seele,
und euch an seine Wahrheit haltet,

von den Großtaten Gottes, die der atl Gläubige an sich erfahren hat und die er dann aufgreift, um sie im Loblied auf Gott zu wenden, vgl. Ex 15 und vor allem den theologischen Stellenwert der Psalmen, die Grundgegebenheiten der Offenbarung aufgreifen und die sie auf Gott zurückwenden.

Der Lobgesang des Tobit gliedert sich in zwei Teile: [1–10] Gott wird gelobt, weil er Tobit und das ganze Volk in der Not der Verbannung weise geleitet hat. [11–18] Das Lob Gottes erklingt im Neuen Jerusalem. Der Wechsel der zum Lobpreis aufgeforderten Personen, der Übergang vom Ich und Du über das Ihr zum Sie wie auch der unterschiedliche Rhythmus deuten darauf hin, daß der Lobgesang kein einheitliches Ganzes ist. Inhaltlich geht das Lied von der Klage über die Zerstörung Jerusalems und über die Zerstreuung des Volkes in die großangelegte Verheißung des Wiederaufbaus der Stadt und der Sammlung eines geläuterten Volkes über. Nur ganz allgemein wird an das Geschick des Tobit [8] erinnert. Sein Schicksal wird als typisch für die Lage des gesamten Volkes in der schweren Zeit der Verbannung und während der Heimkehr bewertet.

[2–4] Der Lobpreis auf Gott, den ewig Lebenden, beleuchtet zudem das Geschick des Tobit. Vom Lobpreis geht das Lied unvermittelt zur Paränese über. Denn die wichtigste Bedingung für die Heilstat Gottes besteht darin, daß Israel sich auch in der Verbannung zu seinem Gott bekennt und dessen Ruhm unter den Völkern verkündet. Die im AT seltene Benennung Gott »unser Vater«, vgl. Dtn 32[6] Jes 63[16] Jer 3[4], ist in dieser späten Zeit kaum mehr mißverständlich. In der Umwelt gilt die Vaterbezeichnung Gottes als Ausdruck dafür, daß Gott der physische Erzeuger seines Volkes ist. Hier aber ist die Vaterbezeichnung durchaus in Einklang mit der Benennung Gottes als des Schöpfers gebracht. [5–6] Dem dtn-dtr Verständnis von Tat und Ergehen gemäß wird daraufhin das Schuldbewußtsein des Volkes und seine Bereitschaft, aus ganzem Her-

dann kehrt er sich euch zu
und verbirgt sein Angesicht nicht mehr vor euch.
7 Wenn ihr dann seht, was er für euch tut,
bekennt euch laut und offen zu ihm!
Preist den Herrn der Gerechtigkeit,
rühmt den ewigen König!
8 Ich bekenne mich zum Herrn
im Land der Verbannung,
ich bezeuge den Sündern seine Macht
und erhabene Größe.
Kehrt um, ihr Sünder,
tut, was recht ist in seinen Augen.
Vielleicht ist er gnädig und hat mit euch Erbarmen. Am $5^{15}$
9 Ich will meinen Gott rühmen, Jona $3^{9}$
den König des Himmels,
meine Seele freut sich
über die erhabene Größe meines Gottes.
10 Alle, die in Jerusalem wohnen,
sollen sich zu ihm bekennen und sagen:
Jerusalem, du heilige Stadt!
Der Herr bestraft die Taten deiner Kinder,
doch er hat wieder Erbarmen
mit den Söhnen der Gerechten.
11 Bekenne dich zum Herrn in rechter Weise,
preise den ewigen König,
damit sein Zelt von neuem errichtet wird,
dir zur großen Freude.
12 Er mache in dir die Gefangenen wieder froh
und schenke denen, die im Elend leben, seine Liebe,
für alle Zeiten bis in Ewigkeit.
13 Von weither werden die Völker kommen, Jes $60^{5-9}$

$13^{13}$ Alle Menschen, wörtlich: Generationen auf Generationen.

zen umzukehren, hervorgehoben. Mit Wahrheit ist die Weisung des mosaischen Gesetzes gemeint. 7–10 Das Heil, das Gott seinem Volk auf Grund der Umkehr schenken wird, wird schon gegenwärtig gesehen, daher wird die Verwendung der Imperative erklärlich. Das Beispiel des Tobit wird maßgebend und richtungweisend für das Verhalten des ganzen Volkes, auch an ihm bewirkt ausschließlich die Umkehr die erneute Zuwendung des sich erbarmenden Gottes. Sie wird sich im wiederaufgebauten Jerusalem ereignen, das Trägerin der herrlichsten Zukunftsverheißungen wird. 11f Das Schicksal des Volkes hängt eng mit dem Geschick Jerusalems als der Wohnstätte Gottes zusammen. Daher wird die eindringliche Bitte formuliert, daß Gottes Zelt (= Tempel) wieder neu aufgebaut wird. Denn das Wohlergehen Israels ruht auf der engen Gemeinschaft mit seinem Gott im Tempel. 13f Das zukünftige, ja

um den Namen des Herrn, unseres Gottes, zu preisen.
Sie tragen Geschenke herbei,
Geschenke für den himmlischen König.
Alle Menschen jubeln dir zu.
Gen 12$^{3}$ 14 Verflucht sind alle, die dich hassen,
auf ewig gesegnet alle, die dich lieben.
15 Freu dich und juble
über alle Gerechten!
Sie werden vereint sein
und den Herrn der Gerechten preisen.
Wohl denen, die dich lieben;
sie werden sich freuen
über den Frieden, den du schenkst.
16 Wohl denen, die betrübt waren
über deine harten Strafen;
denn sie werden sich über dich freuen,
wenn sie alle deine Herrlichkeit sehen.
Sie werden sich freuen in Ewigkeit.
Meine Seele preise Gott, den großen König.
Jes 54$^{11f}$ 17 Denn Jerusalem wird wieder aufgebaut
Offb 21$^{18-21}$ aus Saphir und Smaragd;
seine Mauern macht man aus Edelstein,
seine Türme und Wälle aus reinem Gold;

endzeitliche Jerusalem wird nicht nur das Zentrum des heimkehrenden Volkes, sondern darüber hinaus der Mittelpunkt aller Völker sein. Daher werden sie alle in feierlicher Prozession zum Zion der Endzeit aufbrechen, vgl. Jes 2$^{2-4}$ Mi 4$^{1-4}$. In Anlehnung an Gen 12$^{1-3}$ 27$^{29}$ Num 24$^{9}$, wo Abraham, Jakob und das Volk Israel als Ausgangspunkt des göttlichen Segens genannt werden, wird hier Jerusalem als Zentrum der endzeitlichen Völkergemeinschaft und als Quellgrund des künftigen Segens hingestellt. Doch anders als an den genannten Bezugsstellen wird der göttliche Segen nur denen zuteil, die Jerusalem lieben und die folglich im Einverständnis mit Gott und nach der Weisung des mosaischen Gesetzes ihr Leben führen.

$^{15f}$ Die Freude über die Heimkehr der Exulanten ist sonst ein prägendes Kennzeichen der messianischen Heilszeit, vgl. Jes 60$^{4.9}$. In $^{16}$ werden die selig gepriesen, die am Geschick Jerusalems liebevoll Anteil nehmen. Das enge seelische Verbundensein mit Jerusalem in Freud und Leid begegnet als lobenswerte Einstellung auch Jes 66$^{10-14}$ Ps 79 80 102$^{15}$.

$^{17f}$ Die herrliche Zukunft der Heiligen Stadt wird schließlich in leuchtenden Farben geschildert, vgl. Jes 54$^{11f}$ Offb 21$^{18-21}$. Bei dieser Beschreibung handelt es sich um ein Idealbild Jerusalems. Die dahinter stehende Idee besagt: Vor allem sollen Festigkeit, Sicherheit, Kostbarkeit und Schönheit des Neuen Jerusalem in seiner messianisch-endzeitlichen Vollendung hervorgehoben werden. Das Neue Jerusalem erscheint im Glanz des »Doxakleides Jahwes« (Volz). Edelsteine aus dem sonst als Goldland bekannten Ofir

Jerusalems Plätze werden ausgelegt
mit Beryll und Rubinen und mit Steinen aus Ofir.
18 Halleluja ruft man in all seinen Gassen
und stimmt in den Lobpreis ein:
Gepriesen sei Gott;
er hat uns groß gemacht für alle Zeiten.

## *Letzte Ermahnungen:* $14^{1-11}$

14 1 So beendete Tobit seinen Lobpreis. 2 Er war achtundfünfzig Jahre
alt, als er sein Augenlicht verlor; acht Jahre später konnte er wieder
sehen. Er blieb immer wohltätig und hörte nie auf, Gott, den Herrn,
zu fürchten und sich zu ihm zu bekennen. 3 Er wurde sehr alt. Eines
Tages rief er seinen Sohn und dessen Kinder zu sich und sagte: Mein
Sohn, ich bin alt und werde bald aus dem Leben scheiden. 4 Zieh mit
deinen Kindern nach Medien, mein Sohn; denn ich bin überzeugt, Jona $3^{4}$
daß der Prophet Jona recht hatte, als er sagte, daß Ninive ganz zer-
stört werden wird; in Medien aber wird vorläufig noch Frieden herr-
schen, bis auch für dieses Land die Zeit gekommen ist. Ich bin auch
überzeugt davon, daß unsere Brüder, die noch in der Heimat leben,

$13^{18}$ In all seinen Gassen, vgl. Vg, wörtlich: alle seine Gassen (rufen). – Uns, vgl. dich Hs 311.

(wohl mit der Küste Äthiopiens zwischen Massua und der Bab-el Mandeb-Straße gleichzusetzen) sind gleichfalls 1 Kön $10^{11}$ erwähnt. Jes $22^{2.10-13}$ spricht ähnlich wie $^{18}$ von den Jubelrufen auf Gott, die in allen Straßen ertönen.
Inhaltlich geht das Loblied weit über die Erlebnisse Tobits und seiner Familie hinaus. Wahrscheinlich hat sein Verfasser den bereits existierenden Psalm nach der oben erwähnten Grundauffassung an dieser Stelle eingefügt, vgl. eine ähnliche literarische Anlage in 1 Sam $2^{1-10}$ 2 Sam $22^{8-51}$ Jes $38^{1-20}$ Jona $2^{3-10}$ Jdt 16. In diesen Texten werden nicht nur mustergültige Beispiele des Gotteslobes geboten, sondern vor allem wird durch sie zum ständigen Lobpreis Gottes aufgefordert, der an Israel seinen Heilsplan in den langen Jahrhunderten der Geschichte des Volkes verwirklicht.

14 Letzte Ermahnungen des Tobit, die mit Angaben über sein Leben eingerahmt sind, schließen das Buch ab. $^{3}$ beschreibt den altgewordenen Tobit nach dem Vorbild der Patriarchen, vgl. Gen $48^{9}$. Auch heute noch ist im Orient der Vater nach einem ungeschriebenen Gesetz Herr über die Familie des mit ihm in Gemeinschaft lebenden Sohnes. Vor seinem Tod bestimmt er seinen Sohn als Familienoberhaupt. $^{2-11}$ steht Tobit im Mittelpunkt der Erzählung, sie enthält sein Testament. $^{12-14}$ wird dann Tobias Träger der Handlung. So konzentriert sich in $^{2-11}$ die gesamte Tobiterzählung. In seiner Kernaussage sammeln sich die verschiedenen Einzelberichte. $^{4}$ Mit Bezug auf Jona $3^{4}$ weist Tobit seinen Sohn an, nach Medien auszuwandern, da Ninive der Untergang bevorsteht. Medien, einer der gegen Ninive siegreichen Staaten, wird vorläufig nämlich

aus dem gesegneten Land verjagt werden; Jerusalem wird verlassen
sein, und das Haus Gottes wird niedergebrannt werden und verwü-
stet daliegen, bis eine bestimmte Zeit vergangen ist. [5] Dann wird Gott
Erbarmen mit ihnen haben und sie wieder in die Heimat zurückfüh-
Esra $6^{14}$ ren. Sie werden den Tempel wieder aufbauen, doch nicht so schön,
wie der frühere war; er wird stehen, bis die Zeit dieser Welt abgelau-
fen ist. Dann werden alle aus der Gefangenschaft zurückkehren und
Ez 40–48 Jerusalem in seiner ganzen Pracht wieder aufbauen. In seiner Mitte
wird das Haus Gottes errichtet, ein herrlicher Bau, der für alle Zeiten
Bestand hat bis in Ewigkeit. Das haben die Propheten über Jerusalem
Jes $2^{2-4}$ geweissagt. [6] Und alle Völker werden sich dem Herrn, unserem Gott,
zuwenden und ihm wahre Ehrfurcht entgegenbringen. Man wird die
Götterbilder vergraben, und alle Völker werden den Herrn preisen.
[7] Sein Volk wird sich zu Gott bekennen, und der Herr wird sein Volk
groß machen. Alle, die den Weg der Wahrheit und Gerechtigkeit ge-
hen, werden sich freuen; sie werden Gott, den Herrn, lieben und
ihren Brüdern Gutes tun. [8] Zieh also fort aus Ninive, mein Sohn;
denn es wird alles eintreffen, was der Prophet Jona gesagt hat. [9] Be-
folge das Gesetz und die Gebote; sei immer barmherzig und gerecht,

$14^{5}$ Er wird stehen, sinngemäß ergänzt.
$14^{7}$ Die den Weg ... gehen, wörtlich: in Wahrheit und Gerechtigkeit.

mehr Sicherheit bieten und Frieden gewähren. Vielleicht ist dabei auf die Eroberung Mediens durch Kyrus (538–530) angespielt. Ein zusätzlicher Grund für diese Aufforderung ist der drohende Untergang Jerusalems, die Zerstörung des Tempels und die Zerstreuung der Judäer unter die Völker 586 v. Chr. [5f] Gottes Gericht über sein Volk dauert jedoch nur eine festgesetzte Frist. Nach der Heimkehr werden sich die Exulanten an den Wiederaufbau des Tempels begeben.

[5] spricht zweimal von Rückkehr und vom Tempelbau. Nach der ersten Erwähnung wird der Neubau zwar nicht so schön sein, wie der frühere war; er soll aber für die Dauer dieser Weltzeit bestehen. Im Unterschied dazu schildert der Text beim zweiten Einsatz den Tempel als einen »herrlichen Bau«, der bis in die Ewigkeit Bestand haben wird. Der Verfasser von [5a] kennt offensichtlich nur den Tempel des Serubbabel Esra $3^{12f}$ Hag $2^{4.9}$, der zu seiner Gegenwart besteht. Nach [5b] haben die Heimkehr der Judäer aus dem Babylonischen Exil und der 516 v. Chr. eingeweihte zweite Tempel jedoch nur vorläufigen Charakter. Sie weisen hin auf die vollendete Verwirklichung der prophetischen Verheißungen in der eschatologischen Endzeit, in der alle Gefangenschaft dieser Welt ein Ende haben und die Gemeinschaft mit Gott im Tempel der Endzeit in volle Erfüllung übergehen wird, vgl. Ez 40–48 Offb 21. Daß die Völker ihre Götzenbilder vergraben, verallgemeinert die Aussage von Gen $35^{4}$ und findet sich nur hier im AT.
[8f] Neben der Treue und Liebe zu Gott werden vor allem die Achtung des göttlichen Gesetzes und die Nächstenliebe hervorgehoben. Summarisch werden an dieser Stelle die Ermahnungen von $4^{5-11}$ wiederholt; dabei wird die Verheißung des 4.

dann wird es dir gut gehen. Begrab mich und deine Mutter in Ehren;
gib ihr ein Grab an meiner Seite! Doch bleibt nicht länger in Ninive!
10 Mein Sohn, denk daran, wie Nadab an Achikar gehandelt hat, der
ihn aufgezogen hatte; er hat ihn aus dem Licht in die Finsternis gesto-
ßen und ihm seine Fürsorge übel vergolten. Achikar wurde gerettet;
dem Nadab aber wurde sein übles Verhalten vergolten, und er stürzte
selbst in die Finsternis. Achikar war barmherzig und wurde aus der
tödlichen Falle gerettet, die Nadab ihm gestellt hatte. Nadab aber ge-
riet selber in die Falle und ging zugrunde. 11 Daran könnt ihr sehen,
meine Kinder, daß die Barmherzigkeit viel mehr vermag und daß die
Gerechtigkeit rettet. Als Tobit das gesagt hatte, verstarb er auf seinem
Lager. Er war hundertachtundfünfzig Jahre alt geworden, und To-
bias begrub ihn in Ehren.

$14^{10}$ Nadab, mit $G^{II}$; $G^{I}$ Aman.
$14^{11}$ Verstarb er, wörtlich: verließ (ihn) seine Seele.

Gebotes Ex $20^{12}$ Dtn $5^{16}$ auf alle Gebote des Gesetzes ausgedehnt. Was Tobit selbst an Frömmigkeit praktiziert hat und was sein ganzes Leben durchzieht ($1^{3}$ $14^{2}$), das gibt er ohne Abstrich an seinen Sohn weiter. Wenn er sich daran hält, wird es dem Sohn gut ergehen, wie es ihm selbst zeit seines Lebens gut ergangen ist. $^{10}$ illustriert die Ermahnung beispielhaft mit dem Schicksal Achikars und Nadabs, vgl. Einleitung.

In $2^{10}$ war von Achikars Barmherzigkeit die Rede. Die Erwähnung von Licht und Finsternis ist aus der kosmischen in die ethische Welt transponiert. Licht und Finsternis stellen wie später Joh $12^{46}$ 2 Kor $4^{6}$ Eph $5^{8}$ 1 Petr $2^{9}$ den Raum des Guten und des Bösen dar und sagen metaphorisch Gottnähe und Gottferne aus. $^{11}$ Das Ende der Rede läßt die Kinder noch einmal mit Nachdruck auf die beiden Leitmotive des Buches, Gerechtigkeit und Barmherzigkeit hinblicken. Das Gebot, Barmherzigkeit zu üben, erweist sich durchgängig als das Thema des Tobitbuches schlechthin. Es bietet die Grundnorm für das Leben in der Diaspora. Auf dem Hintergrund der Treue zum Gesetz Gottes wird das solidarische Handeln an den Mitmenschen zur Quintessenz eines echten jüdischen Lebens.

Es ist kaum möglich, die Aussagen von 14 mit der historischen Wirklichkeit in Einklang zu bringen. Die Zahlenangaben, daß Tobit im Alter von 58 Jahren erblindete, acht Jahre lang blind war und im Alter von 158 Jahren starb, haben wohl symbolischen Charakter, da sie dartun sollen, daß das außergewöhnlich hohe Lebensalter des Tobit ihn als einen besonders Gott wohlgefälligen und von Gott gesegneten Mann ausweist. Wenn Tobit bei der Deportation 734 v. Chr. 24 Jahre alt war, dann wäre er 758 geboren und hätte bis 600 v. Chr. gelebt. Der von ihm kurz vor dem Tod angesagte Fall Ninives erfolgte in Wirklichkeit jedoch bereits 612 v. Chr. Die Aussagen von 14, die sich nicht in den Geschichtsverlauf einfügen lassen, beweisen erneut, daß es dem Verfasser von Tob nicht um Darstellung der realen Historie, sondern um theologisch gedeutete Geschichte zu tun ist. Wie selbstverständlich ahmt der Sohn seinen Vater vor allem im leiblichen Werk der Barmherzigkeit, die Toten zu bestatten, nach.

## ABSCHLUSS: $14^{12-15}$

12 Als Hanna gestorben war, begrub er sie an der Seite seines Vaters.
Dann zog er mit seiner Frau und seinen Kindern nach Ekbatana zu
seinem Schwiegervater Raguël. 13 Er war von allen geachtet und er-
reichte ein hohes Alter. Er begrub seine Schwiegereltern in Ehren und
erbte ihren Besitz ebenso wie zuvor den Besitz seines Vaters Tobit.
14 Im Alter von hundertsiebenundzwanzig Jahren starb er in Ekbatana
in Medien. 15 Vor seinem Tod hörte er noch vom Untergang Ninives,
das von Nebukadnezzar und Xerxes erobert wurde. So konnte er
sich noch vor seinem Tod über den Fall Ninives freuen.

12–14 Das gleiche tut er als letzten Liebesdienst für seine Mutter; er befolgt demnach die Mahnung seines Vaters und zieht dann zu seinem Schwiegervater. Ähnlich wie sein Vater erreicht auch er ein ungewöhnlich hohes Alter. Die Eroberung Ninives erfolgte 612 durch Nebukadnezzar und Umakistar (Kyaxares), den König von Medien. Der Perserkönig Xerxes I. regierte von 486–465.

Der gerafften Darstellung der Tobit-Geschichte geht es in Wirklichkeit darum, das von Gott gesegnete Leben von Judäern, die in der Diaspora ihrem Glauben treu bleiben, zu schildern. Das geschieht auf dem Hintergrund der historischen Mächte von damals, vor allem der Weltmächte Babylon und Assur, die einerseits in ihrem gottwidrigen hybriden Machtstreben gegen Gott gezeigt werden, die auf der anderen Seite von Gott jedoch in Dienst genommen und als sein Werkzeug eingesetzt werden, vgl. Jes $10^{5-7}$ Jer $25^{9}$ $27^{6}$ Hab $1^{9}$. Selbst die Weltmächte, ja der gesamte von Gott gelenkte Lauf der Weltgeschichte haben letztlich dem göttlichen Plan und damit dem Heil des Gottesvolkes und dem Wohlergehen aller Menschen und Völker zu dienen. Auf solche Weise werden die Begebnisse des Buches Tob, die zwar in der Geschichte stehen, gleichzeitig über sie erhoben. Sie künden mit überzeitlicher Gültigkeit vom göttlichen Plan mit den einzelnen Menschen im Rahmen der Geschichte ihrer Völker und von der göttlichen Vorsehung, die über dem Leben der Menschen wacht und die das göttliche Ziel der Welt trotz aller gegenläufigen Aktionen von Menschen und Völkern endgültig zur Verwirklichung führt.

# Judit

# EINLEITUNG

Wie ein Triptychon ist das späte deuterokanonische Buch aufgebaut, dessen Titelgestalt Judit heißt. Im ersten Teil dieser Lehrschrift (1–3) beansprucht der König Nebukadnezzar, Gott zu sein; im zweiten Teil (4–7) zwingt die Not durch den übermächtigen Feind Israel in die existentielle Entscheidung: Wer ist Gott, Jahwe oder Nebukadnezzar? Im dritten Teil (8–16) erweist sich Jahwe durch die Tat der Judit an Nebukadnezzar als der wahre Gott und als der einzige Herr der Welt. Schon der Name Judit = Jüdin und ihre Ahnenreihe, die bis auf den Patriarchen Jakob, 8[1] mit dem Ehrennamen Israel genannt, zurückgeht, deuten auf das Überindividuell-Typische hin, das der Erzählung zugrunde liegt und in dem ihr eigentlicher Sinn zu sehen ist. Verkörpert doch Judit das Geschick des ganzen Volkes in einer höchsten Feindbedrohung, die Modellcharakter für das Leben Israels unter und mit den Völkern während seiner jahrhundertelangen Geschichte besitzt.

In dem spätnachexilischen Buch wird erzählt, wie der Assyrerkönig Nebukadnezzar durch seinen Feldherrn Holofernes das im samaritanischen Bergland gelegene Betulia in ärgste Bedrängnis bringt. Wegen des bedrohlichen Mangels an Wasser wollen die Stadtältesten nach einer Frist von fünf Tagen kapitulieren, wenn Gott den vom Feind Eingeschlossenen nicht spürbar zu Hilfe kommt. In dieser äußersten Not tritt die Witwe Judit, Repräsentantin des Gott treuen Volkes, auf den Plan und rügt mit Hinweis auf die bisherige Geschichte Israels und auf das in ihr fortgesetzt erfahrene Eingreifen Gottes den Mangel an Glauben und Gottvertrauen. Sie sieht in der gegenwärtigen Notlage eine Prüfung durch Gott, in der das Volk sich wie in vergleichbaren Situationen der Vergangenheit zu bewähren hat. Gleichzeitig kündigt sie eine außergewöhnliche, unerhörte Rettungstat für ihr Volk an, zu der sie sich in inständigem Gebet und durch Fasten von Gott die nötige Kraft erfleht. Denn letzten Endes geht es bei diesem ungleichen Kampf zwischen der Weltmacht Assur und dem weltpolitisch bedeutungslosen Israel um den Erweis, ob der König Nebukadnezzar oder der Gott Jahwe der eigentliche und wahre Weltherr ist.

Nur von einer Dienerin begleitet, begibt sich Judit darauf mit einem ausreichenden Vorrat an levitisch reinen Lebensmitteln ins Lager des Feindes. Dank ihrer stattlichen Gestalt und ihres schönen und anmutigen Aussehens gelangt sie unschwer ins feindiche Lager und findet sogar leicht Zutritt zu Holofernes, der ihrer Schönheit vom ersten Augenblick an erliegt. Sie begründet ihren vermeintlichen Übertritt zu den Feinden Israels damit, daß die Bewohner ihrer Heimatstadt in ihrer Not jetzt dabei sind, Gott mit einer schweren Schuld zu beleidigen. Ein solch schwerwiegendes Vergehen wird sie nach der jahrhun-

dertelangen Geschichtserfahrung des Gottesvolkes notwendig der Gewalt des Holofernes ausliefern. Judit verspricht, dazu auf der Seite Gottes Hilfe zu leisten und wie eine siegreiche Heldin den feindlichen Feldherrn dann als triumphierenden Sieger bis in die Mitte Jerusalems zu führen.
Holofernes schenkt der Judit allzu leicht Glauben und nimmt sie mit betonter Gastfreundschaft auf. Sie bedingt sich allerdings aus, die eigenen mitgebrachten Lebensmittel zu verzehren und jede Nacht in die Schlucht von Betulia zum rituellen Bad und zum Gebet hinausgehen zu dürfen. Nach dreitägiger Vorbereitung wird sie am vierten Tag zum Gastmahl des Holofernes geladen, der mit dieser Einladung eine unmißverständlich eindeutige Absicht verfolgt, aber von dem vielen Wein beim üppigen Mahl so übermannt wird, daß er in tiefen Schlaf fällt und sein Vorhaben nicht ausführen kann. Die Gunst dieser Stunde nutzt Judit, sie schlägt Holofernes mit dessen eigenem Schwert den Kopf ab. Mit dieser Siegestrophäe verläßt sie zusammen mit ihrer Magd wie zuvor an den anderen Tagen das feindliche Lager und kehrt von den Feinden unbemerkt nach Betulia zurück, wo sie als Retterin aus äußerster Not überschwenglich gefeiert wird. Sie rät daraufhin in nüchternem Realitätssinn ihren Landsleuten, die Verfolgung der Assyrer unverzüglich aufzunehmen. Sogar der Hohepriester und die Ältesten des Volkes erweisen ihr höchste Reverenz, die sie selbst wie eine zweite Mirjam (Ex 15) und wie Debora (Ri 5) im Lobgesang 16 auf den eigentlichen Retter Gott wendet. Im Auftrag Gottes hat sie die Rettungstat vollbracht und so Gottes Gerechtigkeit und seine übergreifende Ordnung im Weltmachtgefüge wiederhergestellt. Nach dem Siegesfest in Jerusalem kehrt sie dann in die Abgeschiedenheit ihrer Heimat zurück und verbringt ihr Gott geweihtes Leben bis in das gesegnete Alter von 105 Jahren. Zeit ihres Lebens und noch lange nach ihrem Tod wagte niemand mehr, Israel zu beunruhigen.
Das Buch Judit ist in griechischer, lateinischer und hebräischer Sprache überliefert. Vier Unzialhandschriften: codex Vaticanus (B), codex Sinaiticus (S), codex Alexandrinus (A) und codex Venetus (V) bieten einen guten, zuverlässigen griechischen Text. Neben der G-Fassung von A. Rahlfs, Stuttgart $^{7}$ 1962, I, 973–1002 liegt seit 1979 ihre gründlich bearbeitete textkritische Ausgabe von R. Hanhart vor. G ist jedoch kaum als Urtext anzusehen, wenn es auch der Text ist, den die heute gebräuchlichen Übersetzungen, Kommentare und Monographien zumeist zugrunde legen. Vielmehr steht hinter G höchstwahrscheinlich ein uns unbekanntes hebräisches (weniger wahrscheinlich ein aramäisches) Original. Eine Reihe typischer Hebraismen und fremder syntaktischer Formen im Griechischen weisen eindeutig semitisches Sprachkolorit auf. – Hieronymus legte nach eigenen Angaben seiner Vg einen aramäischen, uns nicht bekannten Text zugrunde, der kürzer und häufiger eher als Paraphrase denn als wörtliche Übersetzung anzusehen ist. In die NVg hat der lateinische Text

des codex Bernensis aus dem 10. Jahrhundert Eingang gefunden, der dafür sorgfältig mit den griechischen und lateinischen codices verglichen wurde.

Nach dem heutigen Stand der Kenntnis will es nicht gelingen, die geschichtlichen und geographischen Angaben des Judit-Buches zu einem stimmigen Gesamtbild zusammenzufügen. Vielmehr zieht das späte Buch aus dem Verlauf der Geschichte des Gottesvolkes mit der oftmaligen und wiederholten Erfahrung des rettenden Eingreifens Gottes die übergeschichtlich gültige Summe. Es geht Jdt nicht darum, den empirisch greifbaren Verlauf der Geschichte ihrer Zeit nachzuzeichnen, sondern in freier ideal-typischer Darstellung den Zusammenstoß des Gottesvolkes mit den heidnischen Weltmächten und Widersachern Gottes, vor allem aber das helfende und rettende Handeln Gottes für sein Volk hervorzuheben. So kann man eher von einer freien, beispielhaften, theologisch begründeten Geschichtsschau sprechen.

Mit Zenger (S. 436–439) das Buch Jdt der literarischen Gattung des antiken und klassischen Romans zuzuweisen, stellt einen neuen Versuch biblischer Gattungsbestimmung dar, der noch einer eingehenden exegetischen Diskussion bedarf. Dazu ist es notwendig, ausführlich herauszuarbeiten, welchen überindividuellen Zweck der Roman in seiner individuellen Darstellungsweise als Darbietung der in Jdt beschriebenen geschichtlichen Erfahrung verfolgt. Für die mehr offene Bestimmung der literarischen Gattung von Jdt als freie beispielhafte Geschichtsdarstellung spricht auch, daß als Ort des Geschehens das sonst unbekannte Betulia genannt wird. Der Name bedeutet wohl »Haus Gottes« und dürfte Symbolname für das ganze Gelobte Land sein, das sich der besonderen Erwählung durch Gott erfreut und das in Jerusalem mit dem Tempel als Wohnsitz Jahwes seine eigentliche Mitte besitzt.

Vor allem will es nicht gelingen, historisch genau zu ermitteln, wer der Nebukadnezzar des Buches ist. Daß der aus dem AT wie aus der Profangeschichte gut bekannte Träger des Namens, der als Nebukadnezzar II. von 605 bis 562 in Babylon regiert, nicht gemeint sein kann, steht heute allgemein außer Zweifel. Angefangen vom Assyrerkönig Assurbanipal (668–628) bis zu Antiochus IV. Epiphanes (175–163) hat man alle namhaften altorientalischen Herrscher vorgeschlagen, die sich hinter dem als typisch gewählten Namen Nebukadnezzar verbergen sollen. Verkörpert er doch in vielen atl Texten den Feind des Gottesvolkes schlechthin. Nach $4^{3}$ $5^{18}$ spielen die Ereignisse der Jdt-Erzählung nach dem Exil, $16^{10}$ werden die Perser und Meder als Feinde Israels erwähnt. Vielleicht ist als geschichtlicher Hintergrund an die Niederwerfung eines Aufstands in Syrien zur Zeit des Perserkönigs Artaxerxes III. Ochos (359/8–338) zu denken, über die griechische und römische Quellen berichten. In ihnen wird jedoch Jericho, nicht aber Betulia als Widerstandszentrum der Juden erwähnt. Doch damit wäre nur der historische Ausgangspunkt und die beispielhafte geschichtliche Anknüpfung aufgewiesen, von der aus in Jdt weit über das historische Ereignis als auslösendes Element hinaus eine Gesamtdeutung der Geschichte des israelitischen Volkes aus theologischer Sicht unternommen wird.

Das Gott wohlgefällige Verhalten Israels wird in der Person der Judit typisch geschildert. Als Gott ganz hingegebene Frau und Witwe stellt sie in ihrer Gesetzestreue das Ideal des nachexilischen Judentums dar. Auch Klgl 1$^{1}$ vergleicht das durch Nebukadnezzar zerstörte Jerusalem mit einer Witwe. Zudem ist für das rechte Verständnis des typischen Charakters unseres Buches an das eigentümliche Volksbewußtsein in Israel zu erinnern, wonach sich im einzelnen Glied das Schicksal des gesamten Volkes widerspiegelt. Von daher ist es leicht zu verstehen und einsichtig, daß das Geschick des gesamten Volkes hier verdichtet im Leben und Tun der Judit gesehen wird. Bei solcher Sicht verliert auch die Frage, ob die Täuschung des Feindes und die Mittel, die Judit dazu 9$^{10.13}$ 11$^{10-19}$ einsetzt, dem Sittengesetz entsprechen oder widersprechen, an Bedeutung. Vielmehr will der Bericht über das Verhalten der Judit dartun, daß in auswegloser Lage ein letzter und höchster Einsatz, auch wenn er sich am äußersten Rande des menschlich Vertretbaren und sittlich Verantwortbaren bewegen mag, allein von Gott Heil und Rettung bringen kann, wie es im Lobgesang der Judit 16$^{1-17}$ eindringlich zum Ausdruck kommt.

Die entartete heidnische Weltmacht wird, wie es der Vorstellung der nachexilischen Zeit gemäß ist, gleichfalls als übergeschichtliche Wirklichkeit aufgefaßt. Über die Ansicht der Apokalyptik hinaus, die von einer letzten schweren Bedrängnis des Gottesvolkes vor dem Anbruch der Endzeit weiß (vgl. Ez 38f), kündet Jdt, daß die ganze Weltzeit bis hin zum Ende mit dem gottwidrigen Treiben der heidnischen Weltmacht angefüllt ist.

Die daraus sich aufdrängende Frage, wie Israel sich in der fortgesetzten geschichtlichen Bedrängnis zu verhalten hat, beantwortet der Verfasser von Jdt mit der theologischen Forderung des dtr Geschichtswerks nach vorbehaltloser Umkehr und Hinwendung zu Jahwe. In solcher Haltung braucht Israel nicht mutlos zu werden, denn ihm gelten die Verheißungen Gottes, die nicht erst am Ende der Zeiten erfüllt, sondern schon im Lauf der Geschichte stufenweise verwirklicht werden. Gott als Herr und Lenker der Geschichte vermag letztlich jeden Ansturm der Feinde seinen Heilsabsichten dienstbar zu machen und seiner Geschichtsplanung einzuordnen, vgl. Gen 50$^{20}$. Zu diesem Zweck verhängt er im Lauf der Geschichte sein Gericht zum Unheil und Verderben für den Feind, zur Strafe, aber auch zur Errettung und zum Heil für sein Volk. In diesem Gericht offenbart Gott jederzeit sein universales Königtum.

Die literarische Gestalt von Jdt, seine Anklänge an Dan und die Beziehungen zu 1 und 2 Makk legen es nahe, die Entstehung des Buches um 150 v. Chr. anzusetzen. Mit dieser Zeit läßt sich vor allem die Bedeutung des Ältestenrats $4^{8}$ und die führende Rolle des Hohenpriesters $4^{6ff}$ $11^{13}$ in Einklang bringen. Weil höchstwahrscheinlich ein hebräisches Original im Hintergrund steht und das geographische Kolorit von der Landschaft des Judenlandes geprägt ist, kann man wohl begründet Jerusalem als Entstehungsort angeben. Vielleicht wendet Jdt sich vor allem an die Diasporajuden, um sie zur Rückkehr in die Heimat und nach Jerusalem, zu der Stätte »wo Jahwe seinen Thronsitz hat und wo er seine Macht erweist«, einzuladen und zu bewegen.

Nicht das historische Geschehen im einzelnen ist dem Verfasser von Jdt folglich belangvoll und die eigentliche Absicht seiner Aussage. Vielmehr überschaut das Buch die Geschichte Israels in spätnachexilischer Zeit aus dem Blickwinkel Gottes und sieht in der Grundeinstellung und in der Verhaltensweise der Judit die von Gott erwartete idealtypische Form für das Verhalten des Bundesvolkes insgesamt zu jeder Zeit. Wenn auch die ganze Weltzeit bis zu ihrem Ende mit dem gottwidrigen Treiben der heidnischen Weltmächte angefüllt ist, braucht Israel trotzdem nicht zu verzagen, denn bei vorbehaltloser Umkehr zu Gott und bei Treue zu seinem Bund wird er seine rettende Macht an seinem Volk je neu erweisen. Das Volk Gottes soll sich dabei immerfort am Beispiel der Judit orientieren, deren Leben und Handeln in vollem Einklang mit Gott steht, die daher nicht nur Modellgestalt ihres Volkes, sondern der Gott zugewandten Menschen überhaupt ist, wie es bei der Darstellung und Bewertung des Achior ansichtig wird.

Mit Zenger (S. 439–446) ist zu sagen, daß Jdt in seinem theologischen Gehalt zuletzt von der richtungweisenden Programmatik, daß Gott den Kriegen ein Ende setzt, geprägt ist, $9^{7}$ $16^{2}$, vgl. Ex $15^{3}$. Nach Ps $147^{10}$ hat »Gott keine Freude an der Kraft des Pferdes, kein Gefallen am schnellen Lauf des Mannes. Gefallen hat der Herr an denen, die ihn fürchten und ehren, die voll Vertrauen warten auf seine Huld«. Diesen Grundgedanken biblischer Theologie, der sich in den verschiedensten Schichten und Gattungen der atl Literatur vorfindet, hat der Verfasser aus dem gesamten AT nach Art einer Blütenlese in Jdt zusammengetragen. Angefangen vom normgebenden Exodusgeschehen stehen im Hintergrund von Jdt die List, mit der Ehud über Eglon siegt (Ri $3^{12-31}$), die Heldentat der Jaël Ri 4 f, der beispielhafte Kampf Davids gegen Goliat 1 Sam 17, der wunderbare Sieg Joschafats über die Moabiter, Ammoniter und Mëuniter 2 Chr $20^{1-3}$, die Überlieferung von der Errettung Jerusalems vor den Assyrern 2 Chr $32^{1-31}$ und die Rettung Jerusalems vor Nikanor 161 v. Chr., vgl. 1 Makk 7 2 Makk 15. In all den aufgeführten Begebenheiten entscheidet letztlich Jahwe auf ungewöhnliche, menschlich nicht berechenbare Weise und entgegen dem Verlauf der gewohnten geschichtlichen Erfahrung zugunsten seines Volkes. Diese vielfältig belegbare

und verdichtete theologische Einsicht prägt in einzigartiger Weise die Darstellung des Buches Jdt, sie wird dabei jeweils ihrer geschichtlichen Konkretheit entkleidet und tritt exemplarisch in verleiblichter Gestalt in der Heldin von Jdt überindividuell gültig und doch einmalig stark konturiert ins Blickfeld.
Von dieser Sicht her wird es begreiflich und berechtigt, daß die Titelgestalt Judit dieses spätnachexilischen Buchs, in der alle Eigenschaften des gottverbundenen Menschen nach der Auffassung des AT zusammenfließen, in der kirchlichen Überlieferung zum Typus für Maria, den gottwohlgefälligen Menschen schlechthin werden konnte.

## LITERATURHINWEISE

*Kommentare:* L. Arnaldich, Judit, Biblia comentada II, Madrid 1961; C. J. Ball, Judith, in: H. Wace, The Holy Bible, Apocrypha I, London 1888; A. Barucq, Judith, BiJer, Paris 1973; H. Bückers, Die Bücher Esdras, Nehemias, Tobias, Judith und Esther, Freiburg 1953; A. E. Cowley, The book of Judith, in: Charles, Apocrypha I, Oxford 1913; J. C. Dancy, The book of Judith, in: The Shorter Books of the Apocrypha, Cambridge 1972; W. Dommershausen, Der Engel. Die Frauen. Das Heil. Tobias-Ester-Judit, Stuttgart 1970; M. S. Enslin – S. Zeitlin, The Book of Judith, Jewish Apocryphical Literature VII, Leiden-Philadelphia 1972; O. F. Fritzsche, Die Bücher Tobit und Judith, Leipzig 1853; Y. Grintz, Sefer Jehudit, Jerusalem 1957; J. Keulers, Het boek Judith, Brügge 1927; M. Löhr, Das Buch Judith, in: Kautzsch, Apokryphen I, Tübingen 1900; A. Miller, Das Buch Judith, (HSAT IV/3) Bonn 1940; N. Poulssen, Judith, (BOT) Roermond 1969; G. Priero, Giuditta, (SB) Torino-Roma 1959; A. Scholz, Commentar über das Buch Judith und über Bel und Drache, Leipzig 1896; L. Soubigou, Le livre de Judith, Paris 1949; F. Stummer – H. Groß, Das Buch Judit, (EB) Würzburg [4] 1970; E. Zenger, Das Buch Judit, (JSHRZ I) Gütersloh 1981; H. Zöckler, Das Buch Judith, (KK IX) München 1891.

*Abhandlungen:* F. Altheim u. R. Stiehl, Die aramäische Sprache unter den Achemeniden I, Frankfurt 1963, 195–213; S. Avisar, Sulla storicità di Giuditta, BiOr (P) (1959) 22–25; J. E. Bruns, Judith or Jael, CBQ (1954) 12–14; Ders., The Genealogy of Judith, CBQ (1956) 22–25; G. Brunner, Der Nabuchodonosor des Buches Judith, Berlin [2] 1959; H. Cazelles, Le personnage d'Achior dans le livre de Judith, RSR (1951) 125–137; M. Delcor, Le Livre de Judith et l'époque grecque, Klio 1967, 151–179; A. M. Dubarle, Judith. Formes et sens des diverses traditions, I–II, Rome 1966; E. Haag, Studien zum Buche Judith. Seine theologische Bedeutung und literarische Eigenart, Trier 1963; R. Hanhart, Judith, Septuaginta VIII, 4. Text und Textgeschichte des Buches Judith, Göttingen 1979; A. Jansen, Das Gebet Judiths, ThGl (1910) 441–449; Ders., Der verschollene Verfasser des Buches Judith, ThGl (1912) 269–277; C. Meyer, Zur Entstehungsgeschichte des Buches Judith, Bib (1922) 193–203; B. Neteler, Untersuchung der geschichtlichen und kanonischen Geltung des Buches Judit, Münster 1866; H. J. Priebatsch, Das Buch Judith und seine hellenistischen Quellen, ZDPV (1974) 50–60; G. v. Rad, Weisheit in Israel, Neukirchen 1970; A. Rahlfs, Septuaginta I, Stuttgart [7]1962, 973–1002; A. Scholz, Das Buch Judith. Eine Prophetie, Würzburg 1885; F. Steinmetzer, Neue Untersuchung über die Geschichtlichkeit der Juditherzählung, Leipzig 1907; C. Steuernagel, Betulia, ZDPV (1943) 232–245; F. Stummer, Geographie des Buches Judith, Stuttgart 1947; E. Zenger, Der Juditroman als Traditionsmodell des Jahweglaubens, TThZ (1974) 65–80.

## DIE BEDROHUNG: $1^{1}$–$3^{10}$

### *Der Krieg zwischen Nebukadnezzar und Arphaxad:* $1^{1-6}$

$1^{1}$ Es war im zwölften Jahr des Nebukadnezzar, der in der großen
Stadt Ninive als König der Assyrer regierte. Zur gleichen Zeit re-
gierte damals in Ekbatana Arphaxad als König der Meder. [2] Arpha-
xad hatte aus behauenen Steinen von drei Ellen Breite und sechs Ellen
Länge rings um Ekbatana Mauern errichten lassen, die siebzig Ellen
hoch und fünfzig Ellen breit waren. [3] Die Türme der Mauern hatte er
über den Stadttoren hundert Ellen hoch aufgeführt; ihre Grundfläche
war sechzig Ellen breit. [4] Die Stadttore selber hatte er siebzig Ellen

$1^{1}$ Zur gleichen Zeit, wörtlich: in den Tagen.

$1^{1}$ Die Erzählung wird mit einer scheinbar geschichtlichen Notiz eröffnet, die über die Machtverhältnisse des 6. Jahrhunderts v. Chr. in Mesopotamien Auskunft geben will. Sie steht jedoch im offensichtlichen Widerspruch zur überlieferten Geschichte. Denn Nebukadnezzar (605–562) war in Wirklichkeit nicht König der Assyrer, sondern der Babylonier (neubabylonisches Reich). Er residierte auch nicht in Ninive; denn Ninive war 612 von Nabopolassar, dem Vater Nebukadnezzars, zerstört worden. Vielmehr werden in Judit unterschiedliche historische Begebenheiten, in denen sich manche und mannigfaltige Daten der Geschichte Israels aus verschiedenen Zeiten widerspiegeln, insgesamt in geraffter Form dargestellt. Mit ihnen wird ein künstlicher Geschichtsrahmen konstruiert, der den Hintergrund der Juditerzählung bildet: Nebukadnezzar, der das Südreich Juda 586 v. Chr. erobert, Jerusalem und den Tempel zerstört, der die Bewohner Judäas nach Babylon deportiert, wird auf solche Weise zum typischen Feind des Gottesvolkes stilisiert. Assur trägt die Züge der grausamen Weltmacht, die das Ende des Nordreichs Israel 722 herbeiführt und 701 Jerusalem bedroht (Jes $10^{5-19}$ Jer $50^{17}$). Ninive, am Ostufer des Tigris gelegen, wird zum Symbol der in Boshaftigkeit verkommenen heidnischen Weltstadt schlechthin (Nah $3^{1-4}$ Jona). Die so ideell gedeuteten Größen Nebukadnezzar, Assur, Ninive repräsentieren die zusammengeballte widergöttliche Weltmacht, die jahrhundertelang gegen das Gottesvolk ankämpft und die in der Geschichte des Alten Orients ihresgleichen sucht.

»Im zwölften Jahr« will besagen, daß Nebukadnezzar auf dem Höhepunkt seiner Macht angekommen war. Ein König Arphaxad von Medien ist sonst unbekannt. Wahrscheinlich wird auf Gen $10^{22}$ angespielt, wo Arphaxad (Arpachschad) nach Elam und Assur als dritter Sohn Sems genannt wird. Eine neue historische Schwierigkeit bildet der Kampf Nebukadnezzars mit Arphaxad. Denn mit Hilfe der Meder hatte Nabopolassar, der Vater Nebukadnezzars, bereits 612 Ninive erobert. Nach der Aufteilung des assyrischen Weltreichs blieben die staatspolitischen Verhältnisse zwischen Babylon und Medien zunächst friedlich.

$^{2-4}$ Ekbatana (Esra $6^{2}$ Tob $3^{7}$ $7^{1}$), heute Hamadan, liegt etwa 350 km nordöstlich von Bagdad. Seine Befestigungen rühmen Herodot $1^{98}$ und

hoch und vierzig Ellen breit machen lassen, damit die Abteilungen seiner Helden und die Regimenter seiner Fußtruppen genügend Raum zum Ausrücken hatten.
5 Zu jener Zeit führte König Nebukadnezzar Krieg gegen König Ar-
phaxad in der großen Ebene, das heißt in der Ebene im Gebiet von
Regu. 6 Arphaxad schlossen sich alle Bewohner des Berglandes an so-
wie alle, die am Eufrat und Tigris, am Hydaspes und im Flachland
des Elamiterkönigs Arjoch wohnten; es waren viele Völker, die zum
Aufgebot der Söhne Cheleüds zusammenströmten.

### *Der vergebliche Hilferuf an die Nachbarvölker:* 1,7–12

7 Der Assyrerkönig Nebukadnezzar schickte Boten zu allen Bewohnern Persiens und zu allen, die ihre Wohnsitze im Westen hatten, nämlich zu den Bewohnern von Zilizien und von Damaskus, zu allen

Polybios 10,27. Auffällig waren vor allem seine sieben konzentrischen Ringmauern. Diese Mauern erreichten enorme Ausmaße: Eine Höhe von 36,40 m, eine Breite von 26 m; die Türme waren 52 m hoch und 31,20 m breit; die Tore maßen 36,40 m in der Höhe und 20,80 m in der Breite. Diese außerordentlichen Zahlenangaben sollen die gewaltige Macht des Arphaxad verdeutlichen: Die Eroberung einer so ungewöhnlich befestigten Stadt verlangt einen ungewöhnlich tüchtigen Feldherrn. Die Schilderung der staunenswerten Festung Ekbatana bildet daher den notwendigen Rahmen und Hintergrund für das nun folgende beispiellose Kampfgeschehen.

5 Regu dürfte kaum das in Tob 1,14 4,1.20 9,2 genannte Rages, das heutige Ruinenfeld Rai, 13 km südöstlich von Teheran gelegen, sein. Eher ist an das in der Antike bekannte Ragau im nördlichen iranischen Hochland zu denken. 6 Cheleüd ist mit *kilmad* Ez 27,23 identisch zu setzen; G übersetzt Charman = heute die Landschaft Kerman in Südost-Iran. Es handelt sich dabei um einen alten Namen für das gesamte Staatsgebiet Medien. Bergland meint die Landschaft Armeniens, wo Eufrat und Tigris entspringen. Da auch der Hydaspes zum Bergland gehört, ist nicht an den in der Ebene fließenden indischen Fluß (heute Dschehlam), eher schon an den Medischen Hydaspes zu denken, den die alten Geographen an die Stelle des heutigen bei Gwafar in den Indischen Ozean mündenden Serbaz setzen. Er entspringt im Hochland von Südost-Iran. Möglich ist aber auch, ihn mit dem Choaspis (heute Karkheh) zu identifizieren, der südlich von Ekbatana entspringt und in das Mündungsdelta von Eufrat und Tigris einströmt. Das Flachland ist die alte Elymaïs, das heutige Arabistan, die Landschaft zwischen dem vereinigten Unterlauf von Eufrat und Tigris und dem südwestlichen Randgebirge von Iran. Armenien, Medien und Elam waren hartnäckige Feinde der Assyrer. Auf diese historische Gegebenheit spielt der Verfasser von Jdt beim Kampf Nebukadnezzars, des Assyrers, gegen die genannte Völkerkoalition an.

7 Die Entsendung der Boten dient dazu, die betreffenden Völker zur Heeresfolge aufzufordern; sie dokumentiert den Anspruch Nebukadnez-

Bewohnern des Libanon, des Antilibanon und der Küstengebiete, [8] zu
den Völkerschaften am Karmel und in Gilead, zu den Bewohnern des
oberen Galiläa und der großen Ebene Jesreel, [9] zu allen, die in Sama-
ria und in seinen Städten und jenseits des Jordan wohnten bis nach
Jerusalem, Batane, Chelus, Kadesch und zum Grenzbach Ägyptens,
zu den Bewohnern von Tachpanhes und Ramesse und den Bewoh-
nern des ganzen Landes Goschen, [10] ja, über Zoan und Memfis hin-
aus zu allen Bewohnern Ägyptens bis zu den Grenzen Äthiopiens.
[11] Doch alle Bewohner der ganzen Erde mißachteten den Befehl des
Assyrerkönigs Nebukadnezzar und leisteten ihm keine Heeresfolge,

$1^{11}$ Ein gewöhnlicher Mensch, wörtlich: ein (einzelner) Mann, vgl. $6^{3}$.

zars auf Universalherrschaft, vgl. Jer $27^{5-8}$. Persien meint hier Babylonien, vgl. 2 Makk $1^{13}$. Zilizien, Damaskus, Libanon und Antilibanon liegen zu beiden Seiten einer Linie, die südwärts verläuft. Zwischen je zwei Ortsangaben bewegt der Verfasser sich hin und her. Die Küstengebiete bezeichnen wahrscheinlich den Landstrich nördlich der Bucht von Haifa. [8] Die vier Angaben umschreiben äußere Punkte Galiläas nach den vier Himmelsrichtungen. [9] »Jenseits des Jordan« faßt den südlich des Jabbok gelegenen Teil des heutigen Jordanien ins Auge. Batane hängt wohl mit *boṭnah* = Terebinthe zusammen. So wurde abgekürzt der »Markt an der Terebinthe« in Mamre (Gen $13^{18}$ $18^{1}$) genannt. Chelus, Gen $16^{4.7}$ Ex $15^{22}$ *ḥaluṣa* bezeichnet, ist das heutige *el chalaṣa*. Beide Orte liegen an der Bergstraße von Jerusalem nach Ägypten. Kadesch wird jetzt allgemein mit der Oase Kadesch – Barnea im *wādi el qudērāt* gleichgesetzt. Der Grenzbach Ägyptens ist das *wadi el 'ariš*, die natürliche Grenze zwischen Palästina und Ägpyten. Tachpanhes, vgl. Jer $2^{16}$ $43^{7.9}$, ist als Stadt im östlichen Nildelta mit einer größeren jüdischen Kolonie in nachexilischer Zeit bekannt. Für Ramesse, die historische Ramsesstadt, bietet die neuere Forschung zwei Vorschläge zur Identifikation an: Tanis (*sān el hagar*) und Quantir mit *tell el daba*. Nach Gen $46^{28f}$ dürfte Ramesse nahe der westlichen Mündung des Wadi Tumilat vermutet werden. Goschen, Aufenthaltsgebiet Israels in Ägypten nach Gen $45^{10}$ $46^{29}$ $47^{1.4.6.27}$ $50^{8}$ Ex $8^{18}$ $9^{26}$ Ps $78^{12}$, ist aller Wahrscheinlichkeit nach in der Gegend des heutigen Menzale-Sees zu suchen. [10] Zoan, Num $13^{22}$ Jes $19^{11}$, heißt heute *ṣān*. Die Ruinen von Memfis liegen bei Saqqara, südlich von Kairo. Äthiopien entspricht dem heutigen Nubien und Sudan. [7–10] werden demnach unterschiedliche Größen aneinandergereiht, in deren Mittelpunkt Samaria, Transjordanien, Jerusalem stehen. Mit diesen Einzelangaben wird die weitgespannte, weltpolitisch bedeutsame Szenerie für das Drama in Jdt bereitgestellt.

[11] Die Reaktion der Völker, das Mißachten des königlichen Befehls, begegnet auch öfter als die Reaktion Israels dem Wort Gottes gegenüber Jes $5^{23}$ $30^{12}$ Jer $6^{19}$. Nebukadnezzar wird in der Juditerzählung fortgesetzt mit dem Nimbus der Göttlichkeit umgeben, die hier drastisch parodiert wird. Gilt den Völkern doch der König, der sich zum Herrn der ganzen Erde aufspielt, in Wirklich-

denn sie hatten keine Angst vor ihm; er war in ihren Augen nicht
mehr als ein gewöhnlicher Mensch. Darum beschimpften sie seine
Boten und ließen sie mit leeren Händen wieder abziehen. [12] Da ent-
brannte Nebukadnezzars Zorn über all diese Länder, und er schwor
bei seinem Thron und seinem Reich, an dem ganzen Gebiet von Zili-
zien, Damaskus und Syrien Rache zu nehmen und alle Bewohner
Moabs, die Ammoniter, ganz Judäa und alle Bewohner Ägyptens bis
zum Gebiet der beiden Meere mit seinem Schwert auszurotten.

## *Der Sieg über Arphaxad:* 1[13–16]

[13] Im siebzehnten Jahr seiner Regierung griff er König Arphaxad mit
seinem Heer an und konnte den Kampf für sich entscheiden; das ge-
samte Heer des Arphaxad, seine ganze Reiterei und all seine Wagen
jagte er in die Flucht. [14] Er eroberte seine Städte und drang bis nach
Ekbatana vor; er besetzte die Türme der Stadt, gab ihre Häuser der
Plünderung preis und machte so ihre Pracht zuschanden. [15] Arphaxad
nahm er im Bergland von Regu gefangen, durchbohrte ihn mit seinen
Speeren und setzte seiner Macht für immer ein Ende. [16] Darauf
kehrte er mit seinem ganzen Gefolge, einer fast unübersehbaren

1[12] Judäa, Hs B: Idumäa, vgl. Ps 63[1], 2. auch 3[9] 11[19]; »Idumäa umfaßt Batane, Chelus und Kades« (Stummer EB).

1[15] Für immer, wörtlich: bis auf diesen (lies statt ἐκείνην »jenen« ταύτην »diesen«) Tag.

keit nur als ein ganz gewöhnlicher Mensch. Noch befällt die Völker und Städte nicht Furcht und Schrekken vor ihm wie vor einem göttlichen Wesen, vgl. dagegen allerdings 2[28]. Die Entehrung, die Völker und Städte seinen Boten zuteil werden lassen, trifft letztlich Nebukadnezzar selbst.

[12] Die Rache, die sich deswegen auf die unbotmäßigen Länder und Völker entladen soll, zählt die Westländer teils mit synonymen Bezeichnungen auf. »Bis zu den Grenzen Äthiopiens« [10] wird durch den Ausdruck »bis zum Gebiet der beiden Meere« ersetzt. Damit sind die beiden Seen gemeint, aus denen nach Ansicht der alten Geographen die beiden Quellströme des Nil, der Weiße und der Blaue Nil, entspringen. [15] »Bergland von Regu« ist nur ein scheinbarer Widerspruch zu [5], denn mit dieser Bezeichnung werden Gebirge und Ebene zusammengenommen. Der Plural »mit seinen Speeren« erinnert an die Tötung Abschaloms durch Joab 2 Sam 18[14]. Daß das Schicksal Arphaxad am Nordrand des iranischen Hochlands ereilte, soll die völlige Vernichtung seines ausgedehnten Reiches dartun. Vielleicht hat sich darin eine Erinnerung an den Tod des letzten Perserkönigs Darius III. Kodomannus (330 v. Chr.) niedergeschlagen, der sich in dieser Landschaft ereignete. [16] Die lange Festfeier ist »die prahlerische Schaustellung seiner Macht und seines Glanzes« (Haag, S. 15), weniger die dankbare Ehrung des erfolgreichen Heeres wie Est 1[4], vgl. das gleich lange Siegesfest der Israeliten nach dem Erfolg über Holofernes 16[20].

Menge von Soldaten, nach Ninive zurück. Im Hochgefühl seines Erfolges feierte er dort mit dem Heer ein Freudenfest, das hundertzwanzig Tage lang dauerte.

### *Der Plan Nebukadnezzars:* 2[1–3]

2[1] Im achtzehnten Jahr seiner Regierung erging am zweiundzwanzig-
sten Tag des ersten Monats im Palast Nebukadnezzars, des Königs
der Assyrer, der Befehl, an der ganzen Erde das Strafgericht zu voll-
strecken, das der König angedroht hatte. [2] Er rief alle seine Minister
und Generäle zusammen, hielt mit ihnen eine geheime Beratung ab
und verfügte mit seinem Wort alles Unheil über die Erde. [3] Auch
seine Berater waren der Meinung, daß alle zu vernichten seien, die
dem Wort des Königs nicht gehorcht hätten.

### *Der Auftrag des Holofernes:* 2[4–13]

[4] Als Nebukadnezzar, der König der Assyrer, die Beratung beendet
hatte, bestellte er Holofernes zu sich, den Oberbefehlshaber seiner

2[2] Hielt... Beratung ab, andere Übersetzung: teilte ihnen seinen geheimen Beschluß mit. – Alle, wörtlich: alles Fleisch, d. h. alle Menschen.

2[1–3] »Im achtzehnten Jahr« spielt auf Jer 32[1] 52[29] an, wonach Nebukadnezzar seinen entscheidenden Feldzug gegen Jerusalem in diesem Jahr antritt. Das 17. Jahr wird als das Jahr des Sieges über Arphaxad gerechnet. Der 22. Tag des ersten Monats Nisan ist der erste Tag nach dem Abschluß des Pascha-Festes. Diesen Termin wählt nicht der historische Nebukadnezzar, sondern der gesetzestreue Verfasser von Jdt, für den es unvorstellbar ist, daß zur Zeit des Paschafestes ein Kriegszug begonnen wird (Lev 23[7f] Dtn 16[5]). Gleichfalls wird damit an die wunderbare Rettung und Befreiung des Gottesvolkes aus Ägypten erinnert: Jahwe siegte über die Großmacht Ägypten und über seine Gottheiten Ex 12[12]. Mit seinem gegenwärtigen Vorhaben stellt Nebukadnezzar letztlich diese einmalige Rettungstat und damit die Rettermacht Jahwes überhaupt in Frage. Durch die hier gebrauchte Wortereignisformel, die sonst im AT göttliche Offenbarungen einleitet, wird der König zum »Anti-Jahwe« stilisiert, der den Offenbarungsgott Jahwe in Reden und Gebärde nachäfft: Nebukadnezzar maßt sich göttliche Macht an und spielt sich als Gott auf. Die geheime Beratung weist auf Am 3[7] hin. In ihr geht es eigentlich um die Ankündigung der von Gott beschlossenen eschatologischen Geheimnisse; die Aufnahme dieser literarischen Redeweise kennzeichnet wiederum die widergöttliche Anmaßung. Die Vernichtung aller, vgl. Gen 6[17] 9[15] Ez 21[6–10], bezieht sich auf das universale Strafgericht Jahwes über alles Fleisch. Auch gehört der Ausdruck »seinem Wort gehorchen«, der gleichfalls den widergöttlichen Anspruch Nebukadnezzars charakterisiert, in die Gott allein zustehende Sprechweise.

[4] In der assyrisch-babylonischen Literatur findet sich niemand mit dem Namen Holofernes. Wohl sind zwei

Truppen, der nach ihm den höchsten Rang einnahm, und sagte zu
ihm:
5 So spricht der Großkönig, der Herr der ganzen Erde: Du sollst von
hier ausziehen und Männer mit dir nehmen, die auf ihren Mut ver-
trauen: hundertzwanzigtausend Mann Fußtruppen und ein Aufgebot
von zwölftausend Pferden und Reitern. 6 Du sollst gegen alle Länder
im Westen zu Feld ziehen, weil sie meinem Wort nicht gehorcht ha-
ben. 7 Befiehl ihnen, schon Erde und Wasser bereitzuhalten. Denn ich
will in meinem Zorn gegen sie zu Felde ziehen; die ganze Erde werde
ich mit den Füßen meiner Truppen bedecken und den Besitz der
Menschen meinen Männern zur Plünderung preisgeben. 8 Ihre Täler
sollen sich mit Gefallenen füllen; jeder Bach und Fluß soll übervoll
werden von Toten. 9 Ihre Gefangenen will ich bis an die Grenzen der
Erde verschleppen. 10 Zieh also aus, und erobere mir ihr ganzes Ge-
biet! Alle, die sich dir ergeben, sollst du mir aufbewahren für den Tag
ihrer Bestrafung. 11 Alle aber, die Widerstand leisten, sollst du scho-
nungslos dem Tod und der Plünderung preisgeben in deinem ganzen
Machtbereich. 12 Bei meinem Leben und bei der Macht meines König-
tums – ich habe gesprochen, und ich werde meinen Entschluß ausfüh-

$2^{7}$ Den Besitz ... Männern, wörtlich: sie ihnen.
$2^{12}$ Meinen Entschluß, griech. Text: mit meiner Hand.

kappadokische Träger des Namens zur Zeit Alexanders des Großen und um 158 v. Chr. bekannt. Möglicherweise erhielten kappadokische Feldherren, die den zweiten Rang nach dem König innehatten, einen Titel, der gräzisiert Holofernes lautet. 5 Die hier gewählte Botenspruchformel unterstreicht erneut die göttliche Anmaßung Nebukadnezzars. Großkönig ist ein häufig gebrauchter Titel altorientalischer Herrscher, 2 Kön $18^{19}$ Jes $36^{4}$; vgl. dazu die ähnliche Benennung Jahwes Ps $47^{3f}$ $48^{3f}$ $95^{3}$ Mi $4^{13}$ Sach $4^{14}$, dem nach Meinung der Propheten und Psalmisten dieser hohe Titel legitim allein zusteht. Zum Zahlenverhältnis zwischen Fußtruppen und Reiterei vgl. 1 Makk $15^{13}$! Zudem besitzt die Zahl 12 als Zahl der Fülle symbolische Bedeutung; die unübersehbar riesige Menge steht im betonten Kontrast zur einzelnen Judit, die einzig mit Hilfe Jahwes das sich selbst vergötzende Heer Nebukadnezzars entmachtet. 7–11 Erde und Wasser bereitzuhalten, ist nach persischer Sitte Zeichen der Unterwerfung, vgl. Herodot $6^{48}$. Holofernes ist nur der Herold seines Königs, der die ganze Erde mit seinem Heer bedecken will. Bei solchen Äußerungen handelt es sich nicht um taktische politische Maßnahmen, sondern vielmehr um den ins Utopische gesteigerten Ausdruck einer maßlosen gottwidrigen Hybris. Ähnliche Bilder wie in 8 finden sich in den Inschriften assyrischer Könige. Die in Hybris entartete heidnische Weltmacht will ihre Überlegenheit in massierten und sinnlosen Terrorakten manifestieren. 12 lehnt sich an die vielfach belegte Schwurformel Jahwes an und ahmt sie zudem nach, vgl. Num $14^{21}$ Dtn $32^{40}$ Jes $49^{18}$ Ez $5^{11}$. Die Anspielung auf das wirkmächtige Wort Jah-

ren. [13] Du aber wag es nicht, auch nur einen einzigen Befehl deines Herrn zu übertreten. Erfülle, was ich dir befohlen habe; führ es unverzüglich aus!

### *Die Aufstellung des Heeres:* 2[14–20]

[14] Holofernes ging von seinem Herrn weg und rief alle Befehlshaber, Feldherren und Hauptleute der assyrischen Truppen zusammen. [15] Er hob für das Heer die besten Leute aus, wie ihm sein Herr befohlen hatte: hundertzwanzigtausend Mann Fußvolk und zwölftausend berittene Bogenschützen, [16] und teilte sie in Kampftruppen ein. [17] Für den Transport der Kriegsgeräte beschaffte er sich eine gewaltige Menge von Kamelen, Eseln und Maultieren; außerdem brachte er eine unübersehbare Herde von Schafen, Rindern und Ziegen für ihre Verpflegung zusammen, [18] dazu reichlich Proviant für alle und sehr viel Gold und Silber aus dem Palast des Königs.

[19] Darauf setzte er sich mit seinem ganzen Heer in Marsch, um dem König Nebukadnezzar voranzuziehen und alle Länder im Westen mit seinen Wagen, Reitern und Elitetruppen zu überfluten. [20] Eine Masse von Hilfsvölkern schloß sich ihnen an, unübersehbar wie ein Heuschreckenschwarm und wie der Sand der Erde; man konnte ihre Menge nicht zählen.

### *Der Kriegszug des Holofernes:* 2[21–27]

[21] Von Ninive zogen sie drei Tagesmärsche weit bis zur Ebene von Bektilet und schlugen jenseits von Bektilet in der Nähe des Gebirges, das im Norden von Ober-Zilizien liegt, ihr Lager auf. [22] Von dort

2[17] Für... Kriegsgeräte, wörtlich: für das Gepäck.

wes wird zum Ausdruck des angemaßten übermenschlichen Machtbewußtseins des Königs travestiert. [15] Auch das assyrische Heer kennt bereits berittene Bogenschützen. [18] Gold und Silber sollen offenbar der Besoldung des Heeres dienen, vgl. 1 Makk 3[28] 14[32]. Die Assyrerkönige entlohnten ihre Truppen in der Regel mit Naturalien und Beuteanteilen.

[20] Zur Masse der Hilfsvölker vgl. Ex 12[38] Num 11[4]. Heuschreckenschwarm ist ein treffliches Bild für die Brutalität von Kriegszügen Ri 7[12] Jer 46[23]; Sand der Erde bedeutet Unzählbarkeit Gen 13[16] 28[14]. [21] Drei Tage und drei Nächte sind eine häufig gebrauchte biblische Ausdrucksweise für ein besonderes Ereignis 12[7] Gen 22[4] Ex 19[6] Jos 1[11] Hos 6[2]. Der Ausgangspunkt Bektilet ist unauffindbar. Dem Namen nach bedeutet es Haus der Tötung oder Mordhausen. Bei der notorischen Scheu der Orientalen vor Namen mit übler Bedeutung ist es zumindest sehr unwahrscheinlich, daß es sich um einen wirklichen Ort handelt. Er wird vielmehr vom Verfasser erfunden; mit Rücksicht auf die folgenden blutigen Ereignisse [23.25.27] dürfte ihr Aus-

rückte Holofernes mit seiner ganzen Streitmacht, seinen Fußtruppen,
Reitern und Wagen, gegen das Bergland vor. [23] Er eroberte Put und
Lud und plünderte die Rassiter und Ismaeliter aus, die am Rand der
Wüste südlich des Cheleërlandes wohnten. [24] Dann überschritt er den
Eufrat und zog durch Mesopotamien; er zerstörte alle befestigten
Städte am Fluß Habor bis hin zum Meer. [25] Er eroberte das Gebiet
von Zilizien und machte alle nieder, die ihm Widerstand leisteten. So
kam er in das Gebiet von Jafet, das im Süden liegt und Arabien vorge-
lagert ist. [26] Er kreiste alle Midianiter ein, steckte ihre Zeltlager in
Brand und raubte ihr Vieh. [27] Zur Zeit der Weizenernte stieg er in die
Ebene von Damaskus hinab, brannte die Felder nieder, vernichtete
die Herden, das Klein- und Großvieh, plünderte die Städte, verheerte
die Ebenen und erschlug alle jungen Männer mit scharfem Schwert.

### *Die Besetzung der Reiche an der Meeresküste:* $2^{28}$–$3^{8}$

[28] Furcht und Zittern befiel alle Bewohner der Küstengebiete, in Si-
don und Tyrus, in Sur und Okina sowie alle Einwohner von Jamnia;

gangsort mit diesem symbolischen Namen benannt sein, vgl. Jer $7^{32}$ $19^{6}$.

[23] Nach Gen $10^{6}$ ist Put ein Sohn Hams, nach $10^{22}$ Lud ein Sohn Sems. Put und Lud sind demnach ein Sammelbegriff für weit entfernt wohnende Völker. Put, möglicherweise das heutige Libyen, wird als afrikanisches Volk 1 Chr $1^{8}$ Jer $46^{9}$ Ez $27^{10}$ $30^{5}$ $38^{5}$ bestimmt, hinter Lud verbirgt sich wahrscheinlich Lydien, vgl. 1 Chr $1^{11}$ Jes $66^{19}$ Jer $46^{9}$ Ez $27^{10}$ $30^{5}$. Mit Put und Lud wird die Westgrenze des für Nebukadnezzar beanspruchten Weltreichs angegeben. Die Rassiter setzt man am besten mit den Bewohnern des antiken Rossos gleich. Der Name hat sich bis heute in Arsūs, südlich von Alexandrette und im nahegelegenen Gebirge gleichen Namens erhalten. Unweit davon liegt das Schlachtfeld Issus, Stätte der Alexanderschlacht 333 v. Chr. Die Ismaeliter fassen die Stämme am Westrand der syrisch-arabischen Wüste zusammen. Das Cheleërland ist die Gegend des antiken Cholle, heute *el – khalle*, nördlich von Palmyra.

[24] Mit der Erwähnung von Mesopotamien springt der Verfasser zurück, vgl. $1^{7}$ $4^{4}$. Denn in einem geographisch orientierten Feldzug läßt sich [24] nur einordnen, wenn man ihn an seinen Anfang stellt. In [24] wird der östliche Teil des Raums angegeben, den Holofernes mit Krieg überzieht. Es ist ganz Mesopotamien vom Eufratnebenfluß Chabur bis hinab zum Persischen Golf. In [25] wird die Westseite des Kampfgebietes umschrieben. Jafet ist eine ungewöhnliche Wiedergabe für Efa Jes $60^{6}$, das jetzt in Ghwafa südwestlich von Tabuk angenommen wird. Es ist die südlichste Gegend, welche die Assyrer in Westvorderasien erreicht haben; Zilizien ist die nördlichste Landschaft. [26] Die Midianiter leben als Vollnomaden östlich des Golfs von Aqaba, vgl. Ex $2^{16-21}$ $3^{1}$ Ri 6 f.

[27] Der Feldzug, der nach dem Paschafest geplant wurde, erreicht zur Zeit des Wochenfestes, also nach erstaunlich kurzer Zeit, bereits die Ebene von Damaskus, wo der Krieg mit seiner ganzen Härte und Grausamkeit geführt wird. Daß Felder

auch die Einwohner von Aschdod und Aschkelon bekamen große
Angst vor ihm.
3[1] Sie schickten Boten zu ihm mit einem Friedensangebot und ließen
ihm sagen: [2] Wir, die Sklaven des großen Königs Nebukadnezzar,
liegen dir zu Füßen. Tu mit uns, wie du willst. [3] Unsere Gehöfte, alle
unsere Ortschaften und Weizenfelder, die Herden, das Klein- und
Großvieh in allen Hürden an unseren Lagerplätzen stehen dir zur
Verfügung. Verfahr damit nach deinem Belieben! [4] Auch unsere
Städte mit ihren Einwohnern sind dir untertan. Komm und verfahr
mit ihnen nach deinem Willen! [5] Mit dieser Botschaft kamen die
Männer zu Holofernes.
[6] Da stieg er mit seinen Truppen zur Küste hinab, besetzte die befe-
stigten Städte und hob dort die tüchtigsten Männer aus zur Verstär-
kung seines Heeres. [7] Die Einwohner der Städte und des Landes emp-
fingen ihn mit Kränzen und unter Tanz und Paukenschlag. [8] Doch er

$3^3$ Lagerplätzen, wörtlich: Zelten.

$3^8$ Höhen, Text: τὰ ὅρια (die Gebiete); lies mit S (templa) τὰ ἱερά, vgl. $4^1$. – Stämme, wörtlich: Zungen.

verbrannt werden, kommt auch Ri $15^{4-8}$ als Kriegsmaßnahme vor. Der Feldzug, der als eine völlige Verheerung des Landes bis hin zum Erschlagen der jungen Männer geschildert wird, verursacht dem siegreichen Heer weder Mühe noch Verluste. [28] Furcht und Zittern sind oft gebrauchte Leitworte in Jdt $1^{11}$ $2^{28}$ $4^2$ $5^{23}$ $8^8$ $10^{16}$ $11^1$ $14^3$ $15^2$ $16^{11.15f}$. Im Unterschied zu $1^{11}$ hat sich das Verhalten der Völker zu Nebukadnezzar nun grundlegend geändert. Die Ortsnamen sind paarweise in Richtung von Norden nach Süden zusammengestellt. Okina dürfte als Akko zu identifizieren sein, das in hellenistischer Zeit den Namen Ptolemaïs trägt 1 Makk $5^{22.50}$ $10^{39.52}$ 2 Makk $13^{24f}$ Apg $21^7$. Jamnia ist Jabneel Jos $15^{11}$ oder Jabne 2 Chr $26^6$, Aschdod und Aschkelon sind die bekannten Philisterstädte. – Die Route des Feldzugs ist künstlich zusammengestellt. Sie beruht auf geographischen Angaben, die die Ereignisse zwar in die damalige Welt situieren, die vor allem aber als Hintergrund die weltgeschichtliche Bedeutsamkeit der angezielten Entscheidung herausheben wollen. Deswegen wird auch kein linearer, taktisch geplanter und durchgeführter Kriegszug beschrieben, vielmehr wird in zwei großen Bewegungen von den äußersten Grenzen her das Zentrum der kriegerischen Unternehmung Betulia $4^6$ eingekreist. Dort ereilt Holofernes dann sein Geschick. Damit wird der einzig legitime Weltherrschaftsanspruch Jahwes betont herausgestellt und die göttliche Weltordnung wieder durchgesetzt.

$3^{1-6}$ Die bisherigen Erfolge des Kriegszugs veranlassen die Bewohner des Küstenstreifens, Galiläas und Samarias bedingungslos zu kapitulieren. [7] Die unterwürfigen Bewohner bereiten Holofernes zudem einen Empfang, wie er sonst nur siegreich heimkehrenden Mitbürgern zuteil wird 1 Sam $18^{6f}$. Bei den Kränzen ist entweder an Kopfschmuck gedacht oder daran, daß man goldene Kränze als Tribut überreicht 1 Makk $10^{29}$ $13^{37-39}$ 2 Makk $14^4$.

[8] Doch Holofernes gewährt keinen

ließ alle ihre Kulthöhen zerstören und ihre Götterhaine umhauen. Ihm war die Macht gegeben, alle Götter der Erde zu vernichten. Alle Völker sollten nur Nebukadnezzar verehren und alle Stämme und Nationen ihn als Gott anrufen.

### *Die Bedrohung des Gottesvolkes:* $3^{9-10}$

9 So kam er in das Gebiet von Jesreël nahe bei Dotan, das vor dem
großen Gebirgszug von Judäa liegt.
10 Er schlug zwischen Gabbai und
Skythopolis sein Lager auf und blieb dort einen Monat, um den gan-
zen Troß seines Heeres zusammenzuziehen.

$3^{9}$ Gebirgszug, griech. Text: πρίων »Säge«, wohl verderbt aus πρήων »Abhang«.

Pardon. Vielmehr steigert er sein kriegerisches Vorgehen bis hin zur Vernichtung der Heiligtümer. Die Kultstätten der besiegten Feinde zu zerstören und zu profanieren gehört auch in Israel zum Vorgehen im Heiligen Krieg, vgl. Ex $23^{24}$ Dtn $7^{5.25f}$ 1 Makk $5^{68}$. Mit »Hain« übersetzt G Aschera, das eigentlich den heiligen Baum bezeichnet. Weiträumige Tempelhaine gab es in alter Zeit allerdings nur in Ägypten und in der griechischen Welt. G paßt sich mit dieser Übersetzung den hellenistischen Vorstellungen an. Gott selbst hat Holofernes die zu den kriegerischen Maßnahmen nötige Macht verliehen. Holofernes rottet jedoch die Götter der Erde nicht deswegen aus, um an ihre Stelle die Götter des Nebukadnezzar zu setzen, sondern um Nebukadnezzar selbst mit dem Nimbus des Göttlichen zu umgeben und um dessen alleinige göttliche Verehrung zu erzwingen und durchzusetzen. Das ist sogar für die Alte Welt ein unerhört beispielloses Vorgehen. Denn Nebukadnezzar erhebt für sich ausdrücklich den gleichen göttlichen Anspruch, den sonst nur die Hauptgötter der Völker für sich reklamieren und der nach biblischer Auffassung ausschließlich Jahwe als dem wirklichen Universalherrscher zusteht, vgl. ähnlich Dan 3.6. In seiner dämonischen Gottfeindlichkeit hat er deswegen vor, als Anti-Jahwe an die Stelle von Jahwe zu treten. Die Ansage aus $2^{4f}$ wird hier zu Ende fortentwickelt. Denn Nebukadnezzar verlangt den gleichen und ausschließlichen weltweiten Kult, den alle Völker und Stämme im Grunde nur Jahwe zu leisten haben und nur ihm leisten dürfen.

$^{9f}$ Von der Küste bis Aschkelon führt der Heereszug nordwärts zur fruchtbaren Ebene Jesreël. Dotan (heute *tell dōtān*), vgl. Gen $37^{17}$ 2 Kön $6^{13}$, liegt in Nordsamaria an der Straße von Bet-El nach Megiddo. Der Gebirgszug von Judäa sind die zur Jesreëlebene abfallenden samaritanischen Berge. Skythopolis ist griechische Übersetzung von *bet Š$^{e}$'an*, vgl. Ri $1^{27}$, im oberen Jordantal gelegen. Die Identifikation von Gabbai, das im Griechischen unterschiedlich überliefert wird, ist unsicher, vielleicht handelt es sich um den strategisch wichtigen *tell amr* am Osteingang zur Ebene Jesreël.

## DAS GOTTESVOLK IN GROSSER BEDRÄNGNIS: $4^{1}$–$7^{32}$

### *Die Gefahr:* $4^{1-3}$

4[1] Die Israeliten, die in Judäa wohnten, hörten von allem, was Holofernes, der oberste Feldherr des Assyrerkönigs Nebukadnezzar, den Völkern angetan und wie er alle ihre Heiligtümer geplündert und vernichtet hatte. [2] Da befiel sie Furcht und Schrecken vor ihm, und sie hatten Angst um Jerusalem und den Tempel des Herrn, ihres Gottes. [3] Denn sie waren noch nicht lange aus der Gefangenschaft heimgekehrt; erst kürzlich hatte sich das ganze Volk von Judäa wieder gesammelt und waren die heiligen Geräte, der Altar und der Tempel nach der Entweihung neu geweiht worden.

### *Die Vorbereitung des Widerstandes:* $4^{4-8}$

[4] Sie schickten Boten in das ganze Gebiet von Samarien und Kona, nach Bet-Horon, Abel-Majim und Jericho sowie nach Choba, Hazor

$4^{1f}$ »Durch die besondere Hervorkehrung des alten Würdenamens Israel... möchte der Verfasser andeuten, daß er das jüdische Volk weniger in seiner politisch-nationalen Erscheinung sieht als vielmehr in seiner religiösen Bedeutung als Gottesvolk« (Haag, S. 26). Von hier an umspannt der Ehrenname Israel den Bericht bis hin zu $16^{25}$ und gewinnt damit eine zentrale Stellung in Jdt überhaupt. Es geht um das auserwählte Volk und um die fortgesetzten Offenbarungen Jahwes in Wort und Tat in der Geschichte Israels, die in unserem Buch in ein einmaliges Geschehen verdichtet werden. Im Zentrum Israels stehen Jerusalem und der Tempel; angesichts des unerhörten Anspruchs Nebukadnezzars werden daher Furcht und Schrecken verständlich. [3] Die Erwähnung der Heimkehr aus dem Exil faßt nicht so sehr das historische Ereignis als vielmehr seine religiöse Bedeutung ins Auge. Gott hat nach dem Strafgericht der Verbannung seinem Volk seine Huld erneut zugewandt. Darin drückt sich das von der Offenbarung inspirierte Geschichtsverständnis Israels aus. Nach diesem Verständnis ist die Bedrohung des Jahwevolkes eine Bedrohung Jahwes selbst und die Zerstörung des Heiligtums eine Niederlage Gottes. In seiner rettenden Tat hatte Jahwe sich als der machtvolle Herrscher vor aller Welt erwiesen. Diese neue Zuwendung Gottes stellt die widergöttliche heidnische Weltmacht mit ihrem Angriff auf Israel in Frage. Dabei bezieht sich [3] auf zwei geschichtliche Ereignisse, die mit der historischen Szenerie nicht in Einklang zu bringen sind: Heimkehr aus dem babylonischen Exil (536 v. Chr.), Tempelbau und Tempelweihe (516 v. Chr.), vgl. Esra $2^{1}$ $6^{5.15-18}$. Damals reichte der von den heimgekehrten Juden besiedelte persische Verwaltungsbezirk Jehud Esra $5^{1.8}$ $7^{14}$ noch nicht bis zur Esdrelonebene. [4] Unbestritten ist dagegen die Ortslage von Samarien, Bet-Horon und Jericho. Da »Tal« auch bei griechischen Autoren als Bezeichnung für den Jordangraben verwendet wird, ist Salim offenbar mit dem Joh $3^{23}$ genannten Ort glei-

und in das Tal von Salim. [5] Sie besetzten alle hohen Bergkuppen, befestigten die Ortschaften und versahen sie mit Lebensmitteln für den Krieg; denn ihre Felder waren eben abgeerntet worden. [6] Jojakim, der zu jener Zeit Hoherpriester in Jerusalem war, schrieb an die Einwohner von Betulia und Betomestajim, das Jesreel gegenüber vor der Ebene nahe bei Dotan liegt, [7] sie sollten die Gebirgspässe besetzt halten. Durch sie konnte man nach Judäa vordringen. Es war aber auch leicht, den Vormarsch der Heranrückenden dort aufzuhalten; die Gebirgswege waren nämlich so schmal, daß jeweils nur zwei Mann nebeneinander hindurchgehen konnten. [8] Die Israeliten taten, was ihnen der Hohepriester Jojakim und die Ältesten des ganzen Volkes Israel in Jerusalem befohlen hatten.

### *Das Flehen zu Gott um Rettung:* 4[9–15]

[9] Alle Männer Israels aber flehten Gott inständig an und taten Buße unter strengem Fasten. [10] Sie selbst, ihre Frauen, ihre Kinder und ihr
Jona 3[7f] Vieh, aber auch alle Fremden, die bei ihnen wohnten, die Tagelöhner

4[8] Die Ältesten, griech. Text: γερουσία (der Rat der Ältesten).
4[9] Und... Fasten, wörtlich: und demütigen sich (ihre Seelen) inständig (ἐν ἐκτενείᾳ).

chen Namens identisch, heute Schech Sālim bei *tell er-ridgha.* Für Kona ist Kamun Ri 10[5], heute Qamm im nördlichen Jordanien zu vermuten. Abel-Majim ist möglicherweise Baal Meon Num 32[38], heute *tell ma-'in* bei Madaba östlich des Toten Meeres oder *tell bel 'ame,* nach Jos 17[11] Ri 1[27] Jibleam bei Jenin. Choba, vgl. 15[4], ist *'araq el-chubbi* oder el-Mechubbi, 18 km südwestlich von Besan an einer der auf das samaritanische Bergland führenden Straßen gelegen. Hazor läßt sich schwer identifizieren; vielleicht verbirgt sich dahinter das Jer 49[28–33] erwähnte ostjordanische *ḥaṣor.*
[5] Die sprunghaft gehaltene Nennung von Orten mit einer strategisch wichtigen Lage entspricht der idealen schematischen Topographie von Jdt insgesamt. [6f] Der zweite Hohepriester nach dem Exil trägt den Namen Jojakim. Politische Führungsgewalt kommt dem Hohenpriester eigentlich erst ab der Makkabäerzeit zu. Mit einem Kunstgriff hebt der Erzähler nun die beiden Orte hervor, die den Schauplatz der eigentlichen Handlung darstellen. Die dramatische Zuspitzung um Betulia wird dadurch vorbereitet. Seine Lage »an der Nordgrenze Israels... ist mit Bedacht gewählt. Dort soll nämlich der Feind des Gottesvolkes bereits seinen Untergang finden, ehe er überhaupt den Boden des heiligen Landes weiter betreten hat« (Haag, S. 28). Betomestajim ist sonst unbekannt. Die Enge der Anstiegwege zum Bergland Samariens wird übertrieben geschildert. [8] Der Rat der Ältesten bildet in der Makkabäerzeit den Senat des jüdischen Volkes, er wird erstmals in 1 Makk 12[6] erwähnt als Regierungsorgan, das dem Hohenpriester zur Seite steht. [9f] Es entspricht atl Gepflogenheit, durch Gebet und Fasten den besonderen Beistand Gottes in der Feindnot herabzuflehen. Die ungewöhnliche Härte der Lage wird durch die Teilnahme der Fremden,

und Sklaven, legten Bußgewänder an. [11] Alle Israeliten in Jerusalem,
ihre Frauen und Kinder warfen sich vor dem Tempel nieder, streuten
sich vor dem Herrn Asche auf das Haupt und legten Bußgewänder
an. [12] Selbst den Altar umhüllten sie mit einem Bußgewand. Sie
schrien alle einmütig in stürmischen Gebeten zu dem Gott Israels, er
möge doch nicht zulassen, daß man ihre Kinder raube, ihre Frauen
als Beute verteile, die Städte ihres Erbbesitzes zerstöre und das Heiligtum entweihe und verwüste, zum Gespött für die Heiden. [13] Und
der Herr hörte ihr Rufen und sah auf ihre Not. Das Volk fastete
mehrere Tage lang in ganz Judäa und in Jerusalem vor dem Heiligtum des Herrn, des Allmächtigen. [14] Auch der Hohepriester Jojakim
mit der ganzen Priesterschaft im Tempel und den Dienern des Herrn
legten Bußgewänder an; so brachten sie das tägliche Brandopfer dar
und dazu die gelobten und die freiwilligen Opfergaben des Volkes.
[15] Auf ihren Kopfbund hatten sie Asche gestreut, und sie riefen mit aller Macht zum Herrn, er möge doch gnädig auf das ganze Haus Israel herabschauen.

4 11 Und legten ... an, wörtlich: breiteten ihre Bußgewänder vor dem Angesicht des Herrn aus.

4 12 In stürmischen Gebeten, wörtlich: inständig, vgl. [9] – Zulassen, wörtlich: preisgeben.

4 14 Im Tempel, wörtlich: die vor dem Herrn standen.

der Tagelöhner und Sklaven, ja auch der Kinder und sogar des Viehs an den Bußübungen illustriert, vgl. Jona 3[7f]. In höchster Not greift man zu solch außerordentlichen Maßnahmen. [11] Der letzte Teil des Verses lautet mit G: »... breiteten ihre Bußgewänder vor dem Herrn aus«. Er beschreibt eine dramatische Gebärde, die nur hier als Zeichenhandlung erwähnt, die drückende Last augenfällig zum Ausdruck bringt. Das gleiche trifft [12] für die Verhüllung des Altars zu. In überschwenglicher Weise wird die drohende Gefahr als das Hereinbrechen des Tages des Herrn ausgemalt, vgl. Joël 1–2, als Gottesgericht, vor dem nur Gott selbst erretten kann. [13] nimmt ähnlich wie Tob 3[16] die Gebetserhörung durch Gott bereits vorweg: Jahwe allein, nicht die Kampfmaßnahmen, entscheidet das Geschick seines Volkes. [14f] Herausgehoben wird der Klerus in drei Rangstufen mit seinen Bußübungen. Daß die Priesterschaft (Hohepriester, Priester und Leviten) beim täglichen Opfer Bußgewänder anlegt, wird nur an dieser Stelle im AT berichtet. Die umfassende, äußere wie innere Umkehr und Hinwendung zu Gott wird zur unumgänglichen entscheidenden Voraussetzung für die Errettung des bedrohten Volkes aus dieser äußersten Not. In der dauernden Möglichkeit der Umkehr und in seiner Treue zu Gott besitzt Israel jederzeit Zuversicht und die unbeirrbare Gewißheit, daß Jahwe sein Volk nicht preisgibt. Israel appelliert daher einmütig und nachhaltig an die unablässige Güte und Fürsorge Gottes, an seinen unabänderlichen Heilswillen, den er seinem erwählten Volk wiederholt zugesagt hat.

## *Der Kriegsrat bei Holofernes:* $5^{1-4}$

5[1] Holofernes, dem Oberbefehlshaber des assyrischen Heeres, wurde gemeldet, daß die Israeliten sich zum Krieg gerüstet, die Gebirgspässe gesperrt, alle hohen Bergkuppen befestigt und in der Ebene Hindernisse angelegt hatten. [2] Da entbrannte sein Zorn. Er berief alle Fürsten von Moab, die Heerführer von Ammon und alle Statthalter der Küstengebiete zu sich [3] und sagte zu ihnen: Sagt mir, ihr Söhne Kanaans, was ist das für ein Volk, das da im Bergland haust? Wie heißen die Städte, die es bewohnt? Wie groß ist die Streitmacht dieser Leute, und worin liegt ihre Kraft und Stärke? Wer gebietet über sie als König und Anführer ihres Heeres? [4] Und warum haben sie allein von allen Bewohnern des Westens es abgelehnt, mir zu huldigen?

## *Die Rede des Ammoniters Achior:* $5^{5-21}$

[5] Da antwortete ihm Achior, der Anführer aller Ammoniter: Möge
mein Herr anhören, was sein Knecht ihm zu sagen hat. Ich will dir
die Wahrheit sagen über dieses Volk, das in dem Bergland hier in dei-
ner Nähe wohnt; kein falsches Wort soll aus dem Mund deines
Gen $11^{28.31}$ Knechtes kommen. [6] Diese Leute stammen von den Chaldäern ab.
[7] Sie hatten sich zuerst in Mesopotamien niedergelassen, weil sie den

$5^2$ Berief zu sich, wörtlich: rief.

$5^{1f}$ Die Kunde vom entschlossenen Verteidigungswillen Israels löst bei Holofernes, der mit den Zügen seines »göttlichen« Herrn Nebukadnezzar beschrieben wird, Zorn aus. Nach 2 Kön $24^2$ gehören die Moabiter und Ammoniter, die jahrhundertelang zu den Erbfeinden Israels zählen (Gen $19^{30-38}$ Num 22–25 Dtn $23^4$ 1 Sam $11^{1f}$ u.ö.), zu den Hilfstruppen Nebukadnezzars. Als Statthalter werden Ri $16^5$ die Oberhäupter der fünf bedeutendsten Philisterstädte bezeichnet, die Holofernes gleichfalls Heeresfolge leisten $2^{28}$ $3^{1ff}$. $^{3f}$ Seine Fragen nach der völkischen, nach der politischen Lage und nach den strategischen Möglichkeiten Israels teilt der Erzähler im Stolz auf die Sonderstellung des nachexilischen Gottesvolkes mit. $^{5}$ Der Name Achior = »der Bruder ist Licht« ist einmalig im AT. Der Ammoniter Achior könnte von der Gestalt des weisen Achikar Tob $1^{21}$ beeinflußt sein. Er beantwortet die Fragen des Holofernes mit einem bezeichnenden Überblick über die Geschichte Israels, der bekenntnisartigen Charakter hat. Im Gegensatz zum gottfeindlichen Heidentum, das Nebukadnezzar und Holofernes verkörpern, wird Achior als Typus jenes Heidentums geschildert, das Gott fürchtet und das in der Geschichte Israels Gott am Werk sieht. Zum Abschluß dieses Geschichtsabrisses werden dann $^{20f}$ die Folgerungen gezogen, mit denen der Erzähler nicht nur Holofernes und seine Heeresmacht, sondern alle Hörer und Leser tief beeindruckt.

$^{6-8}$ Unter Mesopotamien, das vom Chaldäerland unterschieden wird, ist

Göttern ihrer Väter im Land der Chaldäer nicht mehr dienen wollten.
8 Sie waren nämlich von dem Glauben ihrer Vorfahren abgewichen
und hatten ihre Verehrung dem Gott des Himmels zugewandt, zu
dessen Erkenntnis sie gelangt waren. Deshalb hatten die Chaldäer sie
aus dem Bereich ihrer Götter vertrieben, und sie waren nach Mesopo-
tamien geflohen, wo sie sich einige Zeit aufhielten. 9 Doch ihr Gott — Gen $12^{1}$
gebot ihnen, ihren Wohnsitz zu verlassen und in das Land Kanaan
weiterzuziehen. Hier ließen sie sich nieder und wurden reich an
Gold, Silber und an riesigen Herden. 10 Weil aber eine Hungersnot — Gen $46^{5-7}$
über das Land Kanaan hereinbrach, zogen sie nach Ägypten und blie- — Ex $1^{7}$
ben dort, solange sie Nahrung fanden. Dort wuchsen sie zu einer ge-
waltigen Menge heran, und ihr Volk war nicht mehr zu zählen. 11 Da
schritt der König von Ägpyten gegen sie ein. Arglistig befahl er ihnen, — Ex $1^{11-14}$
in mühseliger Arbeit Ziegel herzustellen. Man unterdrückte sie und
machte sie zu Sklaven. 12 Sie aber schrien zu ihrem Gott, und dieser — Ex $5^{4-19}$ 7–12
schlug das ganze Land Ägypten mit Plagen, gegen die es keine Ab-
hilfe gab. Darauf jagten die Ägypter sie aus ihrem Land fort. 13 Gott — Ex 14
aber trocknete das Rote Meer vor ihnen aus. 14 Er führte sie den Weg — Dtn $1^{2}$
zum Sinai und nach Kadesch-Barnea, und sie vertrieben alle Bewoh-
ner der Wüste. 15 Dann ließen sie sich im Land der Amoriter nieder — Num $21^{21-31}$
und vernichteten mit ihrem Heer alle Einwohner von Heschbon. Da-
nach überschritten sie den Jordan, nahmen das ganze Bergland in Be-
sitz, 16 verjagten die Kanaaniter, die Perisiter, Jebusiter, Sichemiter — Jos $11^{1-12}$

$5^{8}$ Glauben, wörtlich: Weg. – Einige Zeit, wörtlich: viele Tage, vgl. $^{16}$.

$5^{15}$ Mit ihrem Heer, wörtlich: in ihrer Kraft. Vielleicht ist an die in ihnen wirkende Kraft Jahwes, vgl. $^{17}$, gedacht.

hier im Gegensatz zu $2^{24}$ die Gegend am Oberlauf des Eufrat und Tigris, genauer die Landschaft von Haran (Gen $11^{31}$) verstanden. Diese Stelle ist der älteste Beleg für die Auffassung, daß die Auswanderung der Patriarchen aus dem Chaldäerland die Flucht vor einer Religionsverfolgung gewesen ist, vgl. Jos $24^{2}$. Gott des Himmels wird in der nachexilischen Zeit zu einer beliebten Benennung Jahwes $6^{19}$ $11^{17}$ Esra $5^{12}$ $6^{9}$ $7^{12.19.23}$ Dan $2^{28}$, die besonders gern Nichtjuden in den Mund gelegt wird. $^{9}$ Zum Reichtum Abrahams vgl. Gen $12^{16}$ $13^{2}$ $24^{36}$!

$^{10-13}$ Der Wegzug Jakobs und seiner Familie nach Ägypten und die Bedrückung durch den Pharao werden ebenso knapp geschildert wie die Befreiung, wobei sogar, eigentümlich genug, auf die Erwähnung des Mose verzichtet wird. So wird der Anteil Jahwes an der Befreiung und wunderbaren Führung des Volkes noch stärker herausgestellt. Die Vertreibung durch die Ägypter beschreibt Ex $12^{33}$; eine formale Parallelisierung mit der Flucht aus Chaldäa $^{8}$ ist unverkennbar. $^{14}$ Sinai und Kadesch-Barnea sind nach dem Pentateuch die beiden Orte, mit denen die umfangreichsten Berichte des Aufenthaltes Israels in der Wüste verknüpft wurden. $^{15f}$ Die Eroberung von Heschbon steht für die Eroberung

und alle Girgaschiter und ließen sich dort für lange Zeit nieder. 17 So-
lange sie sich nicht gegen ihren Gott versündigten, blieb das Glück ih-
nen treu; denn ihnen steht ein Gott bei, der das Unrecht haßt. 18 Als
Ri $2^{11-15}$ sie aber von dem Weg abwichen, den er ihnen gewiesen hatte, wur-
2 Kön $17^{6-23}$ den sie in vielen Kriegen mehr und mehr aufgerieben und schließlich
$25^{1-21}$ als Gefangene in ein fremdes Land verschleppt. Der Tempel ihres
Gottes wurde dem Erdboden gleichgemacht, und ihre Städte fielen
ihren Feinden in die Hand. 19 Jetzt aber haben sie sich wieder ihrem
Gott zugewandt und sind aus den Ländern heimgekehrt, in die sie
verstreut worden waren. Sie haben Jerusalem, wo ihr Heiligtum steht,
wieder in Besitz genommen und das verlassene Bergland von neuem
besiedelt. 20 Wenn nun, mein Herr und Gebieter, auf diesem Volk
eine Schuld lastet und sie sich gegen ihren Gott versündigt haben und
wenn wir uns vergewissert haben, daß dieser Anlaß zum Unheil bei
ihnen vorliegt, dann können wir hinaufziehen und sie vernichtend
schlagen. 21 Wenn aber ihr Volk sich nichts zuschulden kommen ließ,
dann möge mein Herr nur ja davon Abstand nehmen. Sonst würde ih-
nen nämlich ihr Herr und Gott Hilfe leisten, und wir müßten uns
dann vor aller Welt schämen.

### *Die feindliche Reaktion des Heeres:* $5^{22-24}$

22 Diese Rede des Achior rief bei allen Soldaten, die im Umkreis des
Zeltes standen, Empörung hervor. Die Offiziere des Holofernes so-

$5^{21}$ Hilfe leisten, eher: schützen, ebenso $6^{2}$.
$5^{22}$ Diese Rede, wörtlich: Als Achior diese Rede beendet hatte, (murrte).

des gesamten Ostjordanlandes; die Sichemiter vertreten die Urbevölkerung der Hiwiter Gen $34^{2}$. $^{17-19}$ enthalten in knapper Formulierung die Geschichtspragmatik des AT: Israels Schicksal hängt von seinem Verhalten gegenüber dem Gott ab, der mit ihm den Bund geschlossen und es dadurch in die einzigartige Sonderstellung erhoben hat, auserwähltes Volk zu werden. Diese besondere atl Geschichtspragmatik, die vor allem dem Aufbau des dtr Geschichtswerks zugrunde liegt, findet sich exemplarisch in Ri $2^{11-16}$ ausgedrückt. Die religiöse Schau und die auf Gott bezogene Bewertung unterscheidet die Achiorszene von dem in Herodot $7^{101-104}$ erzählten Gespräch des Damaretos mit Xerxes vor dem Beginn des Angriffs auf Griechenland beachtlich. Darin fehlt der religiöse Aspekt vollständig. $^{20f}$ »Wenn nun« leitet die Schlußfolgerung ein, die aus den Darlegungen Achiors zu ziehen ist. Die Methode, geschichtliche Rückblicke zu praktischen Folgerungen hinüberzuleiten und an sie konkrete Nutzanwendungen zu knüpfen, entspricht ganz allgemein biblischem Redestil. Sie findet sich Dtn $1^{6}$–$4^{44}$ und auch Apg $7^{1-53}$ $13^{16-42}$. Der Nichtjude Achior bedient sich insgesamt einer der synagogalen Predigt vergleichbaren Redeweise. $^{22-24}$ Der Kriegsrat des Holofernes dagegen äußert eine typisch heidnische Auffassung, die atl Grundsätzen gänzlich entgegensteht: Nur die politische und militäri-

wie alle Bewohner der Küstengebiete und von Moab forderten, man
solle ihn niederhauen. 23 Sie sagten: Wir haben doch keine Angst vor
den Israeliten. Sie sind doch ein Volk, das weder die Macht noch die
Kraft hat für einen harten Feldzug. 24 Darum, Gebieter Holofernes,
wollen wir hinaufziehen; sie sollen deinem ganzen Heer zum Fraß
dienen.

### *Die Rede des Holofernes an Achior:* $6^{1-9}$

6 1 Als sich der Lärm bei den Männern, die um den Kriegsrat herum-
standen, gelegt hatte, sagte Holofernes, der Oberbefehlshaber der as-
syrischen Streitmacht, in Gegenwart des ganzen Söldnerheeres zu
Achior und zu allen Moabitern: 2 Wer bist du denn, Achior, und was 2 Kön $18^{28-35}$
bedeuten schon diese Söldner Efraims, daß du dich heute in unserer
Mitte als Prophet aufspielst und erklärst, man dürfe das Volk Israel
nicht bekriegen, weil sein Gott ihm Hilfe leiste? Gibt es denn über-
haupt einen Gott außer Nebukadnezzar? Er wird seine Macht aufbie-
ten und sie vom Erdboden vertilgen, ohne daß ihr Gott sie rettet.
3 Wir aber, seine Knechte, werden sie schlagen wie einen einzigen
Mann. Sie werden dem Ansturm unserer Reiterei nicht widerstehen
können; 4 mit ihr werden wir sie vernichten, so daß die Berge von
ihrem Blut getränkt und die Felder mit ihren Leichen übersät sein

$6^{2}$ Söldner Efraims, vgl. Jes $28^{1}$ G.

$6^{4}$ Vernichten, wörtlich: niederbrennen (κατακαύσομεν); Hanhart u.a.: κατακλύσομεν überschwemmen (mit ihnen), vgl. Hs.71.

sche Macht zählt und entscheidet. Nach Meinung des Verfassers sind die Ammoniter, deren Anführer Achior ist, an dieser Widerrede nicht beteiligt.

$6^{1-2}$ »Söldner Efraims ist wohl als Genitiv der Zugehörigkeit zu deuten und enthält eine Verspottung der Israeliten, die sich im Bergland zur Verteidigung einrichten. Man könnte darunter auch die von Efraim gedungenen Söldner verstehen, wonach Achior und die Ammoniter als Partisanen Israels und damit im Munde des Holofernes als Verräter qualifiziert würden, was jedoch weniger wahrscheinlich ist« (Haag, S. 33f). Die Bezeichnung Prophet ist an dieser Stelle im offenbarungsmäßigen Verständnis gebraucht: Der Prophet ist der Verkünder der Weisungen Gottes, wie Achior es $5^{17.20-22}$ unter Beweis stellt. »Gibt es... einen Gott außer Nebukadnezzar?« ist Widerspiel zur atl Frage: »Wer ist Gott außer Jahwe?« Ps $18^{32}$ 2 Sam $22^{32}$, vgl. Dtn $4^{32}$ $32^{39}$ Jes $45^{21}$ Hos $13^{4}$. Was $2^{5.12}$ $3^{8}$ nur angedeutet war, wird an dieser Stelle voll entfaltet. Es handelt sich um weit mehr als um den allgemein antiken Herrscherkult, der die Verehrung anderer Götter nicht ausschloß. Nebukadnezzar erscheint vielmehr als der erklärte Anti-Jahwe. »Er wird seine Macht aufbieten«, parodiert biblische Redeweisen, die Ex $23^{27}$ Dtn $32^{24}$ Ez $5^{16}$ $14^{19}$ vorkommen. Ebenso ahmt die Schlußformel in $^{3}$, vgl. $^{9}$, Aussagen nach, die in prophe-

werden. Sie werden uns nicht standhalten, sondern restlos unterge-
hen. Das sagt der König Nebukadnezzar, der Herr der ganzen Erde;
er hat es so bestimmt, und seine Worte können nicht zurückgenom-
men werden.
5 Aber du, Achior, Söldner aus Ammon, hast diese Worte an deinem
Unglückstag gesprochen. Du sollst mir von heute an nicht mehr unter
die Augen treten, bis ich die Rache an diesem Volk aus Ägypten voll-
streckt habe. 6 Wenn ich dann zurückkomme, soll das Schwert mei-
nes Heeres und die Lanze meiner Gefolgsleute auch deine Rippen
durchbohren, und du wirst zusammen mit ihren Toten dahinsinken.
7 Meine Diener werden dich auf das Bergland schaffen und dich in
einen der Orte an den Gebirgspässen bringen. 8 Dort sollst du ge-
meinsam mit ihnen umkommen. 9 Wenn du aber in deinem Herzen
die Hoffnung hegst, daß sie nicht überwältigt werden, dann brauchst
du nicht vor Angst zu zittern. Ich habe gesprochen, und keines mei-
ner Worte wird unerfüllt bleiben.

### *Die Auslieferung Achiors:* $6^{10-13}$

10 Darauf befahl Holofernes den Dienern, die in seinem Zelt bereit-
standen, Achior festzunehmen, ihn nach Betulia zu bringen und an
die Israeliten auszuliefern. 11 Seine Diener ergriffen ihn, führten ihn

$6^{6}$ Lanze, mit La lancea, griech. Text: die Schar (ὁ λαός), vielleicht aus ὁ γαίσος, so Hanhart, verderbt.
$6^{9}$ Dann ... zittern, wörtlich: dann soll dein Gesicht nicht herabsinken.
$6^{10}$ Brachten ihn, wörtlich: brachten ihn mitten aus der Ebene.

tischen Reden Jahweworte abschließen. $^{5-8}$ Achior wird an Leib und Leben erfahren, wie widersinnig und utopisch seine Rede ist. Die Stilisierung der Holofernesrede legt dar, daß es ihrem Verfasser nicht so sehr um eine historisch getreue Wiedergabe geschichtlicher Begebenheiten als vielmehr darum zu tun ist, die frevelhafte Einstellung der Mächte aufzudecken, die für Israel von schicksalhafter Bedeutung wurden. Es wird in ihr das Bewußtsein prahlerischer Überlegenheit zur Schau gestellt, das gottwidriger Hybris entstammt und dem die Gott-Treuen scheinbar schutzlos preisgegeben sind.

$^{9}$ Im Unterschied zur maßlosen und doch zum Scheitern verurteilten Überheblichkeit der Assyrer $9^{7}$ erweist sich die Hoffnung des Achior $6^{9}$, von der sein Geschichtsüberblick kündet, als ebenso tragfähig wie die Erwartung der Judit $8^{20}$, die zum Inbegriff der Hoffnung des Gottesvolkes werden soll $13^{19}$. – Zur Härte fügt Holofernes den Hohn. Nach Herodot (Anmerkung zu $5^{17-19}$) verachtet Xerxes ebenfalls die Warnung des Demaretos, trägt sie ihm aber im Gegensatz zur Handlungsweise des Holofernes nicht nach. Das Motiv der vor der Katastrophe ergangenen, aber mißachteten Warnung begegnet auch 2 Chr $35^{20-24}$, vgl. Jes $55^{11}$.

$^{10}$ Unvermittelt tritt nun Betulia in den Gesichtskreis der Erzählung.

aus dem Lager in die Ebene hinaus und brachten ihn in das Bergland
hinauf. So gelangten sie zu den Quellen unterhalb von Betulia. 12 Als
die Männer in der Stadt sie erblickten, griffen sie zu den Waffen und
liefen aus der Stadt hinaus auf den Gipfel des Berges; die mit Schleu-
dern bewaffneten Männer versperrten den Gegnern den Aufstieg, in-
dem sie Steine hinabschleuderten. 13 Die Feinde suchten Deckung im
Schutz der Bergwand; dann fesselten sie Achior, ließen ihn am Fuß
des Abhangs liegen und kehrten zu ihrem Herrn zurück.

### *Achior in Betulia:* $6^{14-21}$

14 Die Israeliten kamen aus ihrer Stadt herunter zu Achior und ban-
den ihn los; sie führten ihn nach Betulia und brachten ihn vor die lei-
tenden Männer ihrer Stadt. 15 Das waren in jenen Tagen Usija, der
Sohn Michas, aus dem Stamm Simeon, Kabri, der Sohn Otniëls, und
Karmi, der Sohn Malkiëls. 16 Sie beriefen alle Ältesten der Stadt zu
einer Versammlung; auch alle jungen Männer und die Frauen liefen
herbei. Sie stellten Achior in die Mitte der versammelten Menge, und
Usija fragte ihn, was vorgefallen sei. 17 Achior berichtete ihnen über
die Verhandlungen im Kriegsrat des Holofernes und teilte ihnen alles
mit, was er im Kreis der assyrischen Heerführer gesagt hatte, aber
auch, was Holofernes prahlerisch gegen das Haus Israel geäußert
hatte. 18 Da warf sich das Volk nieder, betete zu Gott und rief:
19 Herr, Gott des Himmels, blick herab, und sieh ihre Überheblich-
keit, hab Erbarmen mit unserem gedemütigten Volk, und schau heute
gnädig auf die Schar derer, die dir geweiht sind. 20 Dann sprachen sie

$6^{12}$ Stadt, griech. Text: Stadt auf dem Gipfel des Berges, fälschliche Vorwegnahme aus dem folgenden Teil von [12].

[13] Achior muß an einer Stelle liegen gelassen werden, wo er von den Geschossen der Israeliten nicht getroffen und doch von ihnen nach Abzug des assyrischen Kommandos gefunden werden kann, so daß ihm sowohl Selbstbefreiung als auch Flucht unmöglich werden. Die Assyrer suchen daher den toten Winkel auf, den die gegnerischen Schleuderer nicht erreichen können. Der Berg muß von Natur aus sehr steil sein, so daß sein Fuß von oben her folglich nicht beschossen werden kann. Die Auslieferung des Achior will den in der Rede des Gottesfeindes Holofernes zutage getretenen Übermut drastisch illustrieren.

[15] Usija = »meine Kraft ist Jahwe« ist ein theophorischer Bekenntnisname; er wird als Name eines judäischen Königs 2 Kön $15^{13}$ und als Eigenname 1 Chr $6^{9}$ Esra $10^{21}$ Neh $11^{4}$ überliefert. Von Simeonitern im Gebiet des Nordreichs weiß 2 Chr $15^{9}$ $34^{6}$; zu Kabri vgl. Num $26^{45}$, zu Karmi Gen $46^{9}$ Jos $7^{1.18}$ 1 Chr $2^{7}$.

[19] Überheblichkeit von Menschen gilt als Motiv für das Einschreiten Gottes Ps $17^{28}$ Spr $3^{34}$, vgl. Jak $4^{6}$ 1 Petr $5^{5}$. »Sich-Gott-Weihen« dient als Vorbereitung für eine besondere Gottesbegegnung Ex $19^{10.14}$, gehört aber auch zum Ritual des Jahwekrieges Jos $3^{5}$ 1 Sam $21^{6}$.

Achior Mut zu und lobten ihn sehr. 21 Usija nahm ihn aus der Ver-
sammlung mit nach Hause und gab ein Gastmahl für die Ältesten.
Während der ganzen Nacht aber riefen sie den Gott Israels um Hilfe
an.

*Der Anfang der Belagerung von Betulia:* $7^{1-7}$

7 1 Am folgenden Tag befahl Holofernes seinem ganzen Heer und al-
len seinen Hilfsvölkern, gegen Betulia vorzurücken, die Gebirgspässe
zu besetzen und den Kampf gegen die Israeliten zu eröffnen. 2 So be-
gann an jenem Tag der Aufbruch des ganzen Heeres. Die einsatzfä-
hige Streitmacht zählte zusammen hundertsiebzigtausend Mann Fuß-
truppen und zwölftausend Berittene, nicht eingerechnet den Troß
und die dazugehörigen Mannschaften; es war eine gewaltige Menge.
3 Sie schlugen in der Ebene bei Betulia an der Quelle ihr Lager auf
und besetzten ein Gebiet, das sich in der Breite von Dotan bis Jibleam
und in der Länge von Betulia bis Kyamon gegenüber Jesreel er-
streckte. 4 Als die Israeliten ihre große Zahl sahen, waren sie tief be-
stürzt, und einer sagte zum andern: Diese Leute werden das ganze
Land auffressen; weder die hohen Berge noch die Täler und Hügel
werden ihre Last tragen können. 5 Dennoch griffen alle zu den Waf-
fen; sie zündeten auf ihren Stadttürmen Feuer an und hielten die

$7^{3}$ Jibleam, griech. Text: Belbaim, vgl. Belmain $4^{4}$.

21 Achior wird Gast des Stadtoberhauptes und steht damit unter seinem Schutz. Zum nächtlichen Bittgebet vgl. Ps $6^{7}$ $22^{3}$ $77^{3.7}$ $88^{2}$ $119^{55.62}$. Die Nacht ist eine in allen Religionen beliebte Gebetszeit, weil ihre Stille die Sammlung erleichtert, jedoch das Leid auch fühlbarer werden läßt. Die menschlich gesprochen aussichtslose Lage der Stadt macht das inständige Flehgebet in dieser äußersten Not und Ohnmacht des Volkes besonders dringlich und verständlich.

$7^{1f}$ Der enge Anschluß an $6^{21}$ markiert den augenfälligen Gegensatz des um Hilfe flehenden Israel und der von Holofernes befohlenen Großoffensive. Die Bedrängnis Israels spitzt sich zu; denn die Zahl der Bewaffneten ist von 120 000 ($2^{15}$) inzwischen auf 170 000 Mann angewachsen. 3 Die hier erwähnte Quelle ist von der $^{12.17}$ genannten verschieden, aber wohl mit der Quelle in $12^{7}$ identisch. An der Wasserquelle wird das Feldlager aufgeschlagen, um den Wasserbedarf der Soldaten zu decken und zu sichern. Jibleam (G = Belbaim), Jos $17^{11}$ Ri $1^{27}$ 2 Kön $9^{27}$ 1 Chr $6^{55}$ erwähnt, ist identisch mit dem heutigen Chirbet Bel 'ame, südlich von Jenin am Aufstieg von der Esdrelonebene zum samaritanischen Bergland gelegen. Kyamon (= Bohnenfeld) ist Gräzisierung von Kammon = Joqne'am Jos $12^{22}$ $19^{11}$ $21^{34}$ 1 Chr $6^{53}$, heute *tell qemun*; es liegt an einem der drei Pässe, die von der Jesreël-Ebene zum mittelpalästinensischen Bergland hinaufführen, und zwar am westlichen Rand der Ebene, an deren Ostrand der Ort Jesreël gelegen ist. 4 Das Bild ist vom weidenden Vieh genommen, das alles kahl abfrißt. 5 Die Feuer dienen zum Schutz gegen die Kälte der Nacht, vgl. Mk $14^{54}$ Lk $22^{55}$ Joh $18^{18}$.

ganze Nacht hindurch Wache. 6 Am nächsten Tag rückte Holofernes
mit seiner ganzen Reiterei an, vor den Augen der Israeliten in Betulia.
7 Er ließ die Pässe erkunden, die zu ihrer Stadt hinaufführten, spürte
ihre Wasserquellen auf und nahm sie in Besitz. Er stellte dort bewaff-
nete Posten auf und kehrte zu seinem Heer zurück.

*Die Rede der Heerführer an Holofernes:* $7^{8-15}$

8 Da kamen zu ihm alle Heerführer der Edomiter, alle Hauptleute
der Moabiter und die Befehlshaber der Küstengebiete. Sie sagten:
9 Möge doch unser Gebieter einen Rat anhören, damit deinem Heer
kein Schaden entsteht. 10 Dieses Volk der Israeliten vertraut nämlich
weniger auf seine Speere als vielmehr auf die Höhe der Berge, die es
bewohnt; denn es ist gar nicht so leicht, zu den Gipfeln ihrer Berge
vorzudringen. 11 Darum, Gebieter, tritt gegen sie nicht in einer geord-
neten Feldschlacht an; dann wird kein einziger Mann von deinen
Leuten fallen. 12 Bleib in deinem Lager, und spar jeden Mann deines
Heeres! Es genügt, wenn deine Knechte die Wasserquelle in ihren
Besitz bringen, die am Fuß des Berges entspringt. 13 Denn dort holen
die Bewohner Betulias ihr Wasser. Dann wird der Durst sie umbrin-
gen, und sie müssen ihre Stadt ausliefern. Wir aber wollen mit unse-
ren Leuten auf die benachbarten Berggipfel steigen und dort Wache
stehen, damit niemand die Stadt verlassen kann. 14 Dann werden sie

$7^{8}$ Edomiter, wörtlich: Söhne Esaus; ebenso $7^{18}$.

6 Die Entfaltung der Kavalleriemasse stellt gegenüber einem des Reiterkampfs ungewohnten Volk wie Israel 2 Kön $18^{23}$ Jes $36^{8}$ eine eindrucksvolle Demonstration dar.
8 Im Unterschied zu $5^{2}$ werden jetzt die Befehlshaber von Ammon nach der Auslieferung Achiors nicht erwähnt; 17 ist allerdings die Rede von einer Abteilung der Ammoniter, die einem Kontingent von Assyrern zugeteilt wurde. Neu aufgeführt werden die Edomiter (= Söhne Esaus), die alten Erbfeinde Israels nach Gen $25^{22-30}$ $27^{41}$. Nach der Eroberung des Südreichs 586 dringen sie immer wieder, vielleicht unter dem Druck der Nabatäer, in judäisches Gebiet bis nach Hebron vor. In der späten Makkabäerzeit kommt es zu heftigen Auseinandersetzungen mit den Edomitern, 1 Makk $4^{61}$ $5^{3.65}$.
10 Wie Israel den Fremden als Bergvolk gilt, so ist Jahwe in ihren Augen ein Gott der Berge 1 Kön $20^{23.28}$, eine Vorstellung, welche Judit mit ihrer Heldentat richtigstellt und in das rechte Licht rückt. Ihre Tat erweist Jahwe als den monotheistischen Universalgott. 12–15 In alter Zeit wurden in Palästina die Ortschaften aus Gründen der militärischen Sicherheit auf Berghöhen angelegt; die Wasserquellen lagen in der Regel außerhalb der Mauern. Nur selten war man in der Lage, einen Zugang zu ihnen zu schaffen, der vom Feind nicht gestört oder unterbunden werden konnte. Im Fall einer Belagerung war die Bevölkerung meist auf das in Zisternen oder Teichen gesammelte Regenwasser inmitten der Ortschaften angewiesen, es sei denn, daß man Wasser-

mit ihren Frauen und Kindern vor Hunger verschmachten, und bevor
noch das Schwert über sie kommt, werden sie hingestreckt auf den
Gassen vor ihren Häusern liegen. 15 So wirst du sie schwer dafür bü-
ßen lassen, daß sie dir Widerstand geleistet haben und dir nicht mit
der Bitte um Frieden entgegengekommen sind.

### *Die Verzögerungstaktik des Holofernes:* $7^{16-18}$

16 Diese Worte gefielen dem Holofernes und all seinen Offizieren,
und er befahl, den Rat zu befolgen. 17 Darauf machten sich eine Ab-
teilung der Ammoniter und mit ihnen fünftausend Assyrer auf den
Weg; sie schlugen in der Ebene ein Lager auf und besetzten die Brun-
nen und Quellen der Israeliten. 18 Die Edomiter und die Ammoniter
aber schlugen im Bergland gegenüber von Dotan ein Lager auf. Au-
ßerdem schickten sie Abteilungen nach Süden und Osten gegen die
Stadt Egrebel, die in der Nähe von Chus am Bach Mochmur liegt.
Das übrige Heer der Assyrer hatte sein Lager in der Ebene und be-
deckte das ganze Land; ihre Zelte und ihr Troß bildeten ein riesiges
Heerlager; es war eine gewaltige Menge.

### *Der Wassermangel in Betulia:* $7^{19-22}$

19 Die Israeliten aber schrien zum Herrn, ihrem Gott. Sie hatten allen
Mut verloren, da sie ringsum von ihren Feinden eingeschlossen waren
und es kein Entrinnen mehr gab. 20 Nachdem die Belagerung durch

schächte vom Innern der Stadt zum Quellkopf trieb wie in Gibeon, Hazor, Megiddo, vgl. den Hiskija-Tunnel in Jerusalem. Für Betulia nimmt der Erzähler keine derartige kunstvolle Wasserversorgung an. Nach $2^{47}$ $4^{5}$ befinden wir uns in der Zeit der Weizenernte, also im Monat Juni, folglich ist ein baldiger Wassermangel zu befürchten. – Der Vorschlag der Anführer der Edomiter, Moabiter und der Bewohner der Meeresküste überrascht, denn $^{7}$ ist bereits von der Besetzung der Wasserquellen die Rede. Wahrscheinlich soll damit die Einstellung der Hilfsvölker als typisch hingestellt werden. Diese traditionellen Feinde des Gottesvolkes verhalten sich seit der Eroberung Jerusalems durch Nebukadnezzar als Vasallen im Dienst der großen Weltmächte Israel gegenüber besonders feindselig.

18 Die Ortschaften befinden sich im Umkreis von Betulia. Bei Egrebel handelt es sich wahrscheinlich um das heutige Agrabe, südöstlich von Nablus. Chus dürfte Quza westlich der modernen Straße von Jerusalem nach Nablus in der Nähe des Wadi Achmar sein, dessen Name wahrscheinlich eine Arabisierung von Mochmur ist. Durch die Ausdehnung der Front bis Egrebel und Chus wird der Belagerungsring um Betulia gegen Entsatz- und Störversuche von Jerusalem und vom Jordangraben her gedeckt, durch die Linie Kyamon–Betulia gegen Angriffe aus der Jesreëlebene. Das Küstenland war nach $3^{6}$ bereits durch Holofernes besetzt. 20f Das Wort Wasserbe-

das ganze Heer der Assyrer mit ihrem Fußvolk, ihren Wagen und Reitern vierunddreißig Tage gedauert hatte, ging in sämtlichen Behältern der Einwohner von Betulia das Wasser zur Neige. [21] Auch die Zisternen wurden leer. Die Belagerten konnten sich an keinem einzigen Tag mehr satt trinken, weil sie nur ein bestimmtes Maß an Wasser zugeteilt bekamen. [22] Ihre Kinder verschmachteten; die Frauen und jungen Männer wurden ohnmächtig vor Durst, sie fielen auf den Straßen der Stadt und in den Torwegen um, denn sie hatten keine Kraft mehr.

### *Die Verzweiflung der Bewohner von Betulia:* 7[23–29]

[23] Da versammelte sich das ganze Volk, die jungen Männer, die Frauen und Kinder, bei Usija und den leitenden Männern der Stadt, erhoben ein lautes Geschrei und riefen den Ältesten zu: [24] Gott sei Richter zwischen uns und euch. Ihr habt ein schweres Unrecht an uns begangen, weil ihr mit den Assyrern nicht friedlich verhandeln wolltet. [25] Jetzt gibt es für uns keine Rettung mehr; denn Gott hat uns an sie verkauft. Darum müssen wir verdursten und vor ihren Augen elend zugrunde gehen. [26] Ruft sie also jetzt herbei, und liefert die ganze Stadt den Soldaten des Holofernes und seinem Heer zur Plünderung aus! [27] Es ist besser für uns, ihnen als Beute in die Hände zu fallen. Wenn wir auch zu Sklaven gemacht werden, so bleiben wir doch wenigstens am Leben und brauchen nicht mit eigenen Augen den Tod unserer Säuglinge und das Dahinsterben unserer Frauen und Kinder mit anzusehen. [28] Wir beschwören euch beim Himmel und bei der Erde, bei unserem Gott, dem Herrn unserer Väter, der uns für

hälter wird durch Zisternen näher erläutert; zum bestimmten Maß Wasser vgl. Ez 4[11]. Die Zahl der vierunddreißig Tage ist wohl künstlich. Zählt man die fünf Tage Wartezeit, die Usija [30] vorschlägt und den Tag, an dem Gott sein Volk durch Judit heimsucht 8[33], hinzu, so kommt man auf eine Gesamtzahl von vierzig Tagen, die als schematisch und symbolisch anzusehen ist. Dahinter steht die in Israel oft gemachte Erfahrung und theologische Einsicht: Wenn die Not auf ihrem Höhepunkt angelangt ist (39 Tage), dann bringt Gott am 40. Tag die Wende zum Heil. Den 40 Tagen der Not Israels entsprechen zudem die 40 Monate der Witwenschaft Judits 8[4]. [22] Wasserlosigkeit galt und gilt im Orient als eine der am meisten gefürchteten Plagen.

[24f] Zur Redewendung, »Gott sei Richter« vgl. Gen 16[5] Ex 5[21] Ri 11[27]! Aus der Not durch die Feinde entsteht für Israel eine Glaubenskrise. Wie zum Murren in der Wüste angesichts der Bedrohung durch das Heer des Pharao und wegen des fehlenden Trinkwassers Ex 14[12] 17[3] so führt auch hier die Not das Volk zur Rebellion gegen seine Anführer.

[27] Daß Holofernes trotz der Kapitulation die gesamte Bevölkerung der Stadt niedermachen lassen könnte, faßt die aufgeregte Menge nicht einmal ins Auge. Doch gerade diese sinnlose Forderung zeigt, zu wel-

unsere Sünden und die Vergehen unserer Väter bestraft, Gott möge
nicht am heutigen Tag diese Drohung an uns wahr machen. [29] Und in
der Versammlung erhob sich ein allgemeines heftiges Klagen; alle
schrien mit lauter Stimme zu Gott, dem Herrn.

### *Usijas ermutigende Antwort:* $7^{30-32}$

[30] Doch Usija sagte zu ihnen: Faßt Mut, Brüder! Wir wollen noch
fünf Tage aushalten. In dieser Zeit wird der Herr, unser Gott, uns
sein Erbarmen wieder zuwenden; er wird uns nicht für immer verlas-
1 Sam $11^{3}$ sen. [31] Sollten aber diese Tage vergehen, ohne daß uns geholfen wird,
dann will ich tun, was ihr gefordert habt. [32] Dann ließ er das Volk
auseinandergehen, jeden auf seinen Posten, und sie begaben sich wie-
der auf die Mauern und Türme der Stadt. Die Frauen und Kinder
aber schickte er in ihre Häuser zurück. In der Stadt herrschte tiefe
Niedergeschlagenheit.

## DIE RETTUNG DES GOTTESVOLKES: $8^{1}$–$16^{25}$

### *Herkunft und Leben der Judit:* $8^{1-8}$

$8^{1}$ Davon hörte in jenen Tagen Judit, die Tochter Meraris, des Soh-
nes des Uz, des Sohnes Josefs, des Sohnes Usiëls, des Sohnes Hilki-
jas, des Sohnes Hananjas, des Sohnes Gideons, des Sohnes Rafaïns,
des Sohnes Ahitubs, des Sohnes Elijas, des Sohnes Hilkijas, des Soh-

$8^{1}$ Des Sohnes Simeons, mit Hss, S, La, Vg, vgl. $9^{2}$.

chem Fehlverhalten es in Israel kommen kann, wenn man in der Bedrängnis auf die wirksame Führung und Hilfe durch Gott vergißt. [30] Usija denkt bei seiner Ermunterung möglicherweise an einen von Gott zur Unzeit geschenkten Regen, der die Zisternen dann schnell wieder füllt. Worin das Erbarmen Gottes aber wirklich besteht, darüber belehrt Judit $13^{14}$. [31f] Die Zuversicht des Usija ist mehr Wunschdenken als wirkliches Vertrauen. Tatsächlich enthält sein Ratschlag eine aus Angst geborene Herausforderung Gottes, die Judit $8^{12}$ zu Recht rügt. Damit wird der religiöse Tiefpunkt der gesamten Erzählung erreicht. Niedergeschlagenheit und äußerste Not des Volkes rufen nun Judit auf den Plan.

$8^{1}$ Judit kommt nur noch Gen $26^{34}$ als Eigenname einer der Frauen Esaus vor. Ihre Ahnenreihe wird bis zum Patriarchen Jakob zurückgeführt, der an dieser Stelle mit dem Würdenamen Israel bezeichnet wird. Offensichtlich will der Erzähler sie auf diese Weise als Repräsentantin des nach Jakob benannten wahren Israel vorstellen und einführen. Ihr Stammbaum weist Judit als Angehörige des Stammes Simeon aus, vgl. $9^{2}$. Schelumiël und Zurischaddai sind nach Num $1^{6}$ $2^{12}$ $7^{36.41}$ $10^{19}$ als Nachkommen Simeons bekannt. Die Namen, die sich alle biblisch belegen lassen, spiegeln möglicherweise die Namenstradition der ägyptischen Diaspora zwischen dem 5. und 1. Jahrhundert v. Chr. wider (vgl. Zen-

nes Eliabs, des Sohnes Natanaëls, des Sohnes Schelumiëls, des Sohnes Num $1^{6}$ $2^{12}$
Zurischaddais, des Sohnes Simeons, des Sohnes Israels. [2] Ihr Mann
Manasse, der aus ihrem Stamm und ihrer Sippe war, hatte zur Zeit
der Gerstenernte den Tod gefunden. [3] Als er nämlich bei den Garben-
bindern auf dem Feld stand, traf ihn ein Hitzschlag; er mußte sich zu
Bett legen und starb in seiner Heimatstadt Betulia. Man begrub ihn
bei seinen Vätern auf dem Feld zwischen Dotan und Jibleam. [4] Nun
lebte Judit schon drei Jahre und vier Monate als Witwe in ihrem
Haus. [5] Sie hatte für sich auf dem flachen Dach ihres Hauses ein Zelt
aufstellen lassen, hatte ein Trauergewand angelegt und trug die Klei-
der einer Witwe. [6] Sie fastete, seit sie Witwe war, alle Tage, außer am
Sabbat und am Vortag des Sabbats, am Neumond und am Vortag des
Neumonds und an den Festen und Freudentagen des Hauses Israel.
[7] Sie hatte eine schöne Gestalt und ein blühendes Aussehen. Ihr Gatte
Manasse hatte ihr Gold und Silber, Knechte und Mägde, Vieh und

$8^{3}$ Jibleam, griech. Text: Balamon, vgl. $4^{4}$.

ger, S. 485). Theologisch gesehen, hat die weit zurückreichende Genealogie Judits die Aufgabe, ihre vornehme Herkunft darzutun und sie in die Geschichte Israels einzuordnen. Zudem wächst in der nachexilischen Zeit die Tendenz, sich als wahren Israeliten durch einen entsprechenden langen Stammbaum auszuweisen. In der Genealogie Judits wird die gesamte Geschichte des Gottesvolkes vom Patriarchen Jakob angefangen bis in die Gegenwart in verdichteter Weise dargestellt und vor Augen geführt.

Der Einschub $^{2-8}$ unterrichtet über die Ehe der Judit und das Schicksal ihres Mannes. $^{2}$ Ihre Ehe mit einem Stammesangehörigen wird als Zeichen besonderer Gesetzestreue gewertet, vgl. Tob $1^{9}$ $4^{12f}$ $6^{12}$. $^{3}$ Im Monat Mai, zur Zeit der Gerstenernte, verursacht der heiße Schirokko häufig tödlich verlaufende Hitzschläge. Ein Erbbegräbnis zu erhalten, ist nicht nur die Erwartung jedes treuen Israeliten; es weist Manasse zudem als Angehörigen einer alteingesessenen reichen Sippe aus. Für die einfachen Leute und Ausländer gibt es in der Regel nur Gemeinschaftsgräber 2 Kön $23^{6}$ Jer $26^{23}$; zur Lage des Familiengrabes vgl. $4^{6}$ $6^{11}$ $7^{3.12}$. Nach 2 Chr $15^{9}$ waren Simeoniter im Gebiet des Nordreichs ansässig. $^{4f}$ Judit erscheint weiterhin als Beispiel einzigartiger Gattentreue über den Tod hinaus. Ihre Witwenschaft von 40 Monaten entspricht den 40 Tagen der Bedrängnis Betulias. Als Witwe wird sie zum Typos des durch Nebukadnezzar zerstörten Jerusalem und des Zion, die über den Verlust der Heiligen Stadt und des Tempels klagen. Das nachexilische Israel versteht sich nämlich selbst als Witwe Klgl $1^{1.2.5}$ Jes $49^{14}$. Doch geht die Witwe Israel der endzeitlichen Errettung durch Gott entgegen Jes $54^{1.4-8}$ $60^{15}$ $62^{4f}$.

In das Zelt auf dem flachen Dach zieht Judit sich aus Trauer um ihren Gatten zurück. $^{6}$ Entsprechend ist auch das Tragen des Trauergewandes und das Fasten zu beurteilen und zu bewerten. Es entfällt an den genannten Tagen, weil nach jüdischem Brauch die religiöse Feier der Gemeinde der privaten Trauer vorgeht. $^{7}$ Die Schönheit der Judit wird erwähnt, weil sie bei ihrer Rettungstat eine bedeutsame Rolle spielt, vgl. 10.

Felder hinterlassen, die sie in ihrem Besitz hielt. 8 Niemand konnte ihr etwas Böses nachsagen; denn sie war sehr gottesfürchtig.

### *Judits Stellung zur Verzweiflung der Bewohner:* $8^{9-10}$

9 Judit hörte von den Vorwürfen des Volkes gegen das Stadtoberhaupt, als es wegen des Wassermangels den Mut verlor. Ebenso erfuhr sie, was Usija den Leuten geantwortet hatte und daß er ihnen unter Eid versprochen hatte, nach Ablauf von fünf Tagen die Stadt an die Assyrer auszuliefern. 10 Da ließ sie durch ihre Dienerin, die ihrem ganzen Hauswesen vorstand, die Ältesten ihrer Heimatstadt, Kabri und Karmi, herbeiholen.

### *Judits Gespräch mit den Ältesten der Stadt:* $8^{11-36}$

11 Als sie zu ihr kamen, sagte sie zu ihnen: Hört mich an, ihr Vorsteher der Einwohner von Betulia! Es war nicht recht, was ihr heute vor dem Volk gesagt habt. Durch diesen Eid, den ihr geschworen habt, habt ihr Gott und euch selbst festgelegt, denn ihr habt erklärt, daß ihr die Stadt unseren Feinden ausliefern wollt, wenn der Herr euch nicht inzwischen Hilfe schickt. 12 Wer seid ihr denn, daß ihr am heutigen Tag Gott auf die Probe stellt und euch vor allen Leuten an die Stelle Gottes setzt? 13 Ihr wollt den Herrn, den Allmächtigen, auf die Probe

Mit diesem Zug reiht der Verfasser sie in die Gruppe der Stammütter Israels Sara, Rebekka und Rahel ein, vgl. Gen $12^{11.14}$ $24^{16}$ $26^{7}$ $29^{17}$. Als schön gelten nach biblischer Auffassung Mose und David Ex $2^{2}$ 1 Sam $16^{12}$, auch die nachexilischen Idealgestalten Ester und Daniel Est $2^{2f.7}$ Dan $1^{4}$.

Im Gegensatz zum gängigen atl Bild der sonst verlassenen und schutzbedürftigen Witwe wird Judit als reich und wirtschaftlich unabhängig vorgestellt, da ihr Mann ihr das gesamte Vermögen hinterließ.

8 Daß sie vor böser Nachrede bewahrt bleibt, gilt nach Ps $112^{7}$ in besonderer Weise als Segen Gottes. Vor allem aber entspricht sie dem nachexilischen Ideal der Gottesfurcht; so wird sie zum maßgebenden Beispiel für das Verhalten des Gottesvolkes, das von der feindlichen Weltmacht bedroht wird. 9 Erst an dieser Stelle wird die Zusicherung des Usija als Schwur bezeichnet. »... Die ausdrückliche Betonung der eidlichen Zusage... soll wohl an unserer Stelle die ganze Ausweglosigkeit der Situation erkennen lassen. Der Eid des Ozias erscheint gleichsam als die Besiegelung der Mutlosigkeit des Volkes« (Haag, S. 39). 10f tut den erstaunlichen Einfluß der Judit dar. Ihr Vorwurf greift Motive der Achiorrede auf $5^{8.18\ 12-16}$. Die Schuld der Stadtältesten besteht darin, daß sie Gott versuchen, vgl. Ex $17^{1-7}$ Num $14^{22}$ Dtn $6^{16}$ Jes $7^{12}$ Mt $4^{7}$. Ihr Verhalten bekundet zudem Überheblichkeit, die sich über Gott stellt. Beides äußert sich darin, daß sie sich erkühnen, der Hilfe Gottes eine Frist zu setzen, wie sich aus 16 ergibt. Für den Menschen, der nicht einmal sich selbst oder seinen Mitmenschen zu

stellen und kommt doch ewig zu keiner Erkenntnis. [14] Nicht einmal
die Tiefe des Menschenherzens könnt ihr ergründen und die Gedan-
ken seines Geistes erfassen. Wie wollt ihr dann Gott erforschen, der
das alles geschaffen hat? Wie wollt ihr seine Gedanken erkennen und
seine Absichten verstehen? Nein, meine Brüder, reizt den Herrn, un-
seren Gott, nicht zum Zorn! [15] Auch wenn er nicht gewillt ist, uns in
diesen fünf Tagen Hilfe zu schaffen, so hat doch er zu bestimmen, zu
welcher Zeit er uns helfen oder uns vor den Augen unserer Feinde
vernichten will. [16] Versucht nicht, die Entscheidungen des Herrn, un-
seres Gottes, zu erzwingen; denn Gott ist nicht wie ein Mensch, dem Num $23^{19}$
man drohen kann, und wie ein Menschenkind, das man beeinflussen
kann. [17] Darum wollen wir die Rettung von ihm erwarten und ihn um
Hilfe anrufen. Er wird unser Flehen erhören, wenn es seinem Willen
entspricht. [18] Denn eines gab es bei uns nicht und gibt es auch heute
nicht: Es gibt weder einen Stamm noch eine Familie, weder einen
Gau noch eine Stadt, die von Menschen gemachte Götter anbeten,
wie es in früherer Zeit geschah. [19] Damals wurden unsere Väter dem
Schwert und der Plünderung preisgegeben und mußten vor den Au-
gen unserer Feinde schwere Niederlagen erleiden. [20] Wir aber kennen
keinen anderen Gott als ihn allein. Daher dürfen wir hoffen, daß er
uns und unser Volk nicht im Stich lassen wird. [21] Wenn wir nämlich

$8^{15}$ Helfen, wörtlich: schützen, vgl. $9^{14}$.
$8^{18}$ Von Menschen gemachte, wörtlich: handgemachte.
$8^{21}$ Erobert, lies mit Rahlfs λημφθήσεται

durchschauen vermag [14] (Jer $17^{9}$ Weish $9^{16f}$), ist das nicht nur ein aussichtsloses Unterfangen, sondern vor allem eine Beleidigung Gottes. Denn in solchem Verhalten kommt letztlich eine Geringschätzung der göttlichen Vorsehung zum Ausdruck, die in ihrer Tiefe dem Menschen unergründlich bleibt. Vielmehr müßte die Gewißheit, daß es einen Heilsplan Gottes gibt und daß Gott mächtig genug ist, ihn durchzuführen, wie es die jahrhundertelange Geschichte Gottes mit seinem Volk bezeugt, tiefes Vertrauen eben zu diesem Gott beim Volk in seiner unerhörten Notlage wecken. [17] Denn helfen kann nur das vertrauensvolle Ausharren im Gebet. [18–20] Zu solchem Vertrauen berechtigt vor allem der Hinweis, daß die Gemeinde sich von Götzendienst frei weiß, der die Väter ins Unglück gestürzt hat. Die Beschreibung dieser Freiheit vom Bilderdienst arbeitet mit Anklängen an Dtn $13^{12-17}$ $29^{18}$ und nennt nur soziale Gruppen, keine Individuen. Nach dem Exil war Götzendienst in Israel ohnehin nur noch als Winkelkult unbedeutender Konventikel möglich Jes $57^{5}$ $63^{3.5.11}$ Sach $10^{2}$ $13^{2}$, aber nicht mehr in der schamlos-naiven Öffentlichkeit wie in der vorexilischen Zeit. In der späten Makkabäerzeit zeigte sich freilich erneut in weiteren Kreisen die Hinneigung zur heidnischen Abgötterei 1 Makk $1^{55}$ $2^{23}$ 2 Makk $4^{12-16.19f}$. Die Darstellung des religiösen Zustands in [20] entspricht insgesamt jedoch dem Verhalten der überwiegenden Mehrheit des Volkes.

[21–24] Die strategische Schlüsselstellung Betulias begründet sowohl das

überwältigt werden, dann wird auch ganz Judäa erobert und unser
Heiligtum geplündert werden. Von uns aber wird Gott für die Ent-
weihung des Heiligtums blutige Rechenschaft fordern. 22 Uns wird er
die Ermordung unserer Brüder, die Entvölkerung des Landes, die
Verwüstung unseres Erbbesitzes zur Last legen, inmitten der Heiden,
bei denen wir als Sklaven dienen und unseren Herren Anlaß zu Spott
und Verachtung sein werden. 23 Unsere Knechtschaft wird dann nicht
mehr zum Guten gewendet werden, sondern der Herr, unser Gott,
wird sie für uns zur Schande werden lassen. 24 Daher, liebe Brüder,
wollen wir jetzt unseren Stammesbrüdern beweisen, daß wir für ihr
Leben einstehen und daß das Heiligtum, der Tempel und der Altar,
sich auf uns verlassen können. 25 Bei alldem aber laßt uns dem Herrn,
unserem Gott, danken, daß er uns ebenso prüft wie schon unsere Vä-
ter. 26 Denkt daran, was er mit Abraham machte, wie er Isaak prüfte
und was Jakob im syrischen Mesopotamien erlebte, als er die Schafe
Dtn $8^{16}$ Labans, des Bruders seiner Mutter, hütete. 27 Denn wie er diese Män-
Jer $10^{24}$ ner im Feuer geläutert hat, um ihr Herz zu prüfen, so hat er auch mit
Weish $3^{1-10}$ uns kein Strafgericht vor, sondern der Herr züchtigt seine Freunde,
um sie zur Einsicht zu führen.
28 Da sagte Usija zu ihr: Alles, was du gesagt hast, kam aus einem ed-
len Herzen, und es gibt niemand, der deinen Worten widersprechen

$8^{24}$ Sich auf uns verlassen können, wörtlich: an uns festen Halt hat.
$8^{27}$ Seine Freunde, wörtlich: die ihm nahe sind.

Vertrauen auf Gott als auch die Verpflichtung zum tapferen Aushalten. Feigheit, die das Volk zur Kapitulation treiben würde, würde aus der Sicht Gottes die dadurch verursachte Katastrophe zu einem reinen Strafleiden, nicht aber zu einem Durchgang für Wiederbegnadigung machen. Vielmehr kämen kleinmütiges Nachgeben gegenüber dem Feind und das Sichausliefern an die heidnische Macht einem freiwilligen Heraustreten aus dem göttlichen Plan gleich und zögen notgedrungen statt der Hilfe Gottes selbstverursachtes Unheil und den Untergang nach sich. In 24 drückt sich das Bewußtsein der Solidarität aus, die das Gottesvolk im Guten wie im Schlechten verbindet.

$^{25-27}$ Die Aufforderung zur Dankbarkeit für die Heimsuchung, die an Röm $5^{3-5}$ Hebr $12^{5-11}$ anklingt, weist auch Beziehungen zu Dtn $13^{4}$ Spr $3^{12}$ auf und blickt zudem auf die Patriarchenzeit zurück. Daß Jahwe sein Volk versucht und erprobt, ist nicht als Strafe, sondern als Erziehungsmaßnahme Gottes aufzufassen. Daher soll Israel Gott für die Heimsuchung danken, vgl. 2 Makk $6^{12-17}$. Denn andere Völker bestraft er nach Maß, sein Volk aber erzieht er durch Heimsuchungen, damit er es nicht zu strafen braucht.

$^{28-31}$ Usija fügt sich in den Tadel durch Judit, doch beruft er sich gleichfalls auf seinen Eid, der im AT auch unter erschwerten Umständen als bindend gilt (Jos $9^{19}$ 2 Sam $21^{1-3}$). Ihm erscheint angesichts der sommerlichen Jahreszeit ein nur durch ein Wunder Gottes möglicher Regen als die einzige Hilfe, statt sich auf jeden möglichen, noch unbestimmten Erweis des allmächtigen, durch

kann. [29] Deine Weisheit wird ja nicht erst heute offenbar, sondern schon von deiner frühesten Jugend an kennt das ganze Volk deine Einsicht und weiß, wie edel die Gedanken deines Herzens sind. [30] Aber das Volk leidet furchtbaren Durst; sie zwangen uns zu tun, was wir ihnen versprochen haben, und einen Eid auf uns zu laden, den wir nicht brechen dürfen. [31] Doch bete du jetzt für uns, denn du bist eine gottesfürchtige Frau. Dann wird der Herr Regen schicken, um unsere Zisternen zu füllen, und wir brauchen nicht zu verschmachten.

[32] Da sagte Judit zu ihnen: Hört mich an! Ich will eine Tat vollbringen, von der man noch in fernsten Zeiten den Kindern unseres Volkes erzählen wird. [33] Kommt diese Nacht an das Tor, wenn ich mit meiner Dienerin hinausgehe. Bevor die Frist abgelaufen ist, die ihr für die Übergabe der Stadt an unsere Feinde gesetzt habt, wird der Herr durch meine Hand Israel gnädig Hilfe bringen. [34] Fragt nicht nach meinem Vorhaben; denn ich werde euch nichts mitteilen, bevor das vollendet ist, was ich tun will.

[35] Da sagten Usija und die Stadtältesten zu ihr: Geh in Frieden! Gott, der Herr, sei dein Führer bei dem Strafgericht an unseren Feinden. [36] Dann verließen sie das Zelt und kehrten auf ihre Posten zurück.

## *Judits Gebet:* 9[1–14]

9[1] Judit warf sich auf ihr Gesicht nieder, streute sich Asche auf das
Haupt und öffnete das Bußgewand, das sie trug. Es war gerade die Ex 30[8]
Zeit, zu der man an jenem Abend in Jerusalem im Haus Gottes das
Rauchopfer darbrachte. Und Judit rief laut zum Herrn; sie sagte:

8[35] Wörtlich: Gott, der Herr, sei vor dir zum Strafgericht an unseren Feinden.

nichts eingeschränkten Gottes zu verlassen, wie auch immer er ausfallen mag. [32–34] Judit deutet nur an, daß sie einen eigenen Plan zur Rettung verfolgt. Sie teilt ihn jedoch nicht mit, sondern sie beschränkt sich, um seine Verwirklichung in die Wege zu leiten, mit knappen Worten auf die Bitte um die Erlaubnis, nachts die Stadt verlassen zu dürfen. Ihre verhüllende Formulierung lenkt die Aufmerksamkeit auf den verborgenen Retter und will von Anfang an Jahwe als den eigentlich hintergründig durch sie Handelnden hervortreten lassen. Das »Werk Jahwes« wird in der Weisheitsliteratur zur umfassenden Bezeichnung des Handelns Gottes Koh 3[11] 8[17]. Jahwes Taten verdienen es, bis in die fernsten Geschlechter weiterverkündet zu werden Ps 44[2] 48[14]. Am beispielhaften Verhalten der Judit enthüllt der Verfasser die Voraussetzungen und Bedingungen für die Hilfe Gottes, die das ganze Volk Israel sich zu eigen machen muß. Er zeigt auf die Art und Weise hin, wie Gott rettend in die Geschichte eingreift und schließlich das Geschick seines Volkes wendet. [35f] Der Segenswunsch der Stadtältesten beim Abschied der Judit besagt, daß ihr Begehren gewährt ist. 9[1] Judit legt das Bußgewand dadurch

Gen $34^{25f}$ 2 Herr, du Gott meines Stammvaters Simeon! Du hast ihm das
Schwert in die Hand gegeben zur Bestrafung der Fremden, die den
Gürtel der Jungfrau lösten, um sie zu beflecken, die ihre Schenkel
entblößten, um sie zu schänden, und ihren Schoß entweihten zu ihrer
Schande. Du hattest nämlich geboten: Das darf nicht geschehen. Und
dennoch taten sie es. 3 Deswegen gabst du ihre Fürsten Mördern preis
und tauchtest zur Vergeltung das Lager, das ihrer Arglist gedient
hatte, in Blut; du erschlugst die Knechte samt ihren Herren, ja auch
die Herren auf ihren Thronen. 4 Du gabst ihre Frauen dem Raub und
ihre Töchter der Gefangenschaft preis, und ihren ganzen Besitz gabst
du deinen geliebten Söhnen; denn sie glühten vor Eifer für dich, hat-
ten Abscheu vor der Befleckung ihres Blutes und riefen zu dir um
Hilfe. Gott, mein Gott, erhöre auch mich, die Witwe! 5 Du hast be-
wirkt, was damals war und auch was vorher und später geschah.
Doch auch was jetzt geschieht und noch kommen wird, hast du er-
dacht, und es ist eingetroffen, was du geplant hast. 6 Deine Beschlüsse

$9^2$ Gürtel, lies μίτραν statt μήτραν »Schoß«.

bloß, daß sie das darüber getragene Kleid öffnet. Die Erwähnung Jerusalems lehnt sich an das Tempelweihgebet Salomos 1 Kön $8^{44f}$ an, wonach das Volk in Feindesnot in Richtung auf die Heilige Stadt beten soll. Auch Daniel betet um die Rettung Jerusalems vor dem endzeitlichen Strafgericht zur Zeit des Abendopfers Dan $9^{3.21}$ zum Tempel hingewendet. Nach Num $9^{1-5}$ $28^8$ Dtn $16^{1-7}$ hält das tägliche Abendopfer das Gedächtnis an die Errettung Israels aus Ägypten wach. Mit diesem Zug reiht Judit ihr Vorhaben in die großen geschichtlichen Rettungstaten Gottes an seinem Volk ein, vgl. die gleiche Gedankenverbindung Dan $9^{3.21}$. 2f Die Beterin selbst spielt auf das Gen 34 erzählte Ereignis der Schändung Dinas durch den Heiden Sichem an. Sie beruft sich auf das Strafgericht, das ihr Stammvater Simeon zusammen mit seinem Bruder Levi an Sichem vollstreckt hat. Sie bezieht im gegenwärtigen Zusammenhang dieses Geschehen auf die bevorstehende Schändung der Jungfrau Jerusalem durch Holofernes. Judit fungiert dabei als Typos des wahren Jerusalem und Israel. Ihre von Holofernes beabsichtigte Schändung gelingt ebensowenig wie die Schändung und Zerstörung von Betulia und Jerusalem.

4 Die Rachetat Simeons und Levis Gen $34^{25-29}$ wird als ein von Gott über die Sichemiter verhängtes Strafgericht beurteilt, das sie aus glühendem Eifer für Gott und aus Abscheu vor der Befleckung ihres Blutes vollzogen haben. An diese Sicht der Tat ihres Ahnherrn fügt Judit die Bitte um Hilfe durch Gott. Die Betonung ihrer Witwenschaft als Zeichen der tiefen Hilflosigkeit soll wie auch sonst Dtn $10^{18}$ Jer $49^{11}$ Ps $68^6$ Gott zum Eingreifen motivieren.

5f Nach Jes $40^{26}$ $48^{13}$ Ijob $37^{15}$ Bar $3^{35}$ erscheinen die kosmischen Mächte, wie Gestirne und Blitze, auf Gottes Befehl vor ihm. Nach dieser Vorstellung melden sich gleichfalls die geschichtlichen Ereignisse mit der Pünktlichkeit gehorsamer Diener vor Jahwe. Wie er der Herr der Schöpfung ist, so ist Gott für die Bibel auch der Herr der Geschichte,

standen da und sagten: Hier sind wir! Denn alle deine Wege sind Ps $33^{9}$
schon gebahnt, und dein Gericht ist eine beschlossene Sache. 7 Sieh
doch auf die Assyrer! Sie verfügen über ein gewaltiges Heer, brüsten
sich mit ihren Rossen und Reitern, sind stolz auf die Schlagkraft ihres
Fußvolkes, vertrauen auf ihre Schilde und Speere, ihre Bogen und
Schleudern und wollen nicht einsehen, daß du der Herr bist, der den Ps $46^{10}$ $83^{19}$
Kriegen ein Ende setzt. 8 »Herr« ist dein Name. Brich ihre Stärke mit
deiner Macht, und vernichte ihre Kraft in deinem Zorn! Denn sie ha-
ben beschlossen, dein Heiligtum zu entweihen, das Zelt, in dem dein
herrlicher Name wohnt, zu beflecken und die Hörner deines Altars
mit dem Schwert abzuschlagen. 9 Schau dir ihren Übermut an, und
laß deinen Zorn auf ihr Haupt herabfahren! Schenke mir, der Witwe,
die Kraft zu der Tat, die ich plane. 10 Schlag den Knecht wie den
Herrn und den Herrn wie den Diener durch meine listigen Worte;
brich ihren Trotz durch die Hand einer Frau! 11 Denn deine Macht
stützt sich nicht auf die große Zahl, deine Herrschaft braucht keine
starken Männer, sondern du bist der Gott der Schwachen und der
Helfer der Geringen; du bist der Beistand der Armen, der Beschützer
der Verachteten und der Retter der Hoffnungslosen. 12 Ja, du Gott
meines Vaters und Gott deines Erbbesitzes Israel, du Herr des Him-

deren Ereignisse in der Schilderung personifiziert erscheinen. Judit rechnet damit, daß auch die äußerste gegenwärtige Notlage ihres Volkes von Gott vorhergesehen wurde und daß Gott in der Rettung seines Volkes das Gericht an den Feinden vollzieht, vgl. Ps $33^{9}$.
$^{7f}$ Ähnlich wie $6^{19}$ werden Stolz und Übermut der Feinde zum Motiv für die Erhörung durch Gott. Zum Ausdruck vom Ende-Setzen der Kriege vgl. $16^{2}$ Hos $2^{20}$ 2 Makk $12^{28}$! Denn in den Kriegen enthüllt sich letztlich als höchste Steigerung und Folge der Sünde schrankenlose Gewalttat, die im Grunde Abfall von Gott ist und daher von ihm das Vernichtungsgericht herausfordert, vgl. Gen $6^{11.13}$. Über die von Antiochus Epiphanes durchgeführte Entweihung des Tempels in Jerusalem 1 Makk $1^{44-49}$ 2 Makk $6^{2-9}$ hinaus dürfte auch an die gewaltsame Zerstörung des Heiligtums 586 v. Chr. gedacht sein. $^{9}$ konkretisiert die $^{4}$ angedeutete Bitte um Hilfe Gottes für das Vorhaben, das Judit plant. $^{10}$ An dieser Stelle wie auch $^{13}$ wird augenfällig, daß Judit sich über ihren Plan vollkommen im klaren ist: Er ist auf die Täuschung des Feindes angelegt. Über die sittliche Qualität ihres Vorhabens macht sie sich keine Gedanken. Sie blickt nur auf die äußerste Gefahr ihres Volkes, und als Lehre aus der bisherigen Geschichte des Volkes Israel ergibt sich ihr die unabdingbare Notwendigkeit, etwas zu unternehmen, um dieser Gefahr zu entkommen. $^{11}$ Daß Gott zur Hilfe für sein bedrängtes Volk nicht der massierten politischen und militärischen Macht bedarf, entspricht einer Grundauffassung des AT. Fünfmal wird der Gedanke abgewandelt, daß er mit denen ist, die nicht zu den Starken gehören. Das deutet darauf hin, wie wichtig diese zentrale Idee der Beterin wird. $^{12f}$ werden die Bitten mit Nachdruck zusammengefaßt. Die zentralen Heilsgüter, um die es in der gegenwärtigen Bedrohung durch den Feind geht, sind der

mels und der Erde, Schöpfer der Meere und König deiner ganzen Schöpfung, erhöre mein Gebet! 13 Laß meine listigen Worte Wunden und Striemen schlagen bei denen, die gegen deinen Bund und dein heiliges Haus, gegen den Berg Zion und den Wohnsitz deiner Söhne Böses beschlossen haben. 14 Laß dein ganzes Volk und alle Stämme
Jes $37^{20}$ erkennen und wissen, daß du der wahre Gott bist, der Gott aller Macht und Stärke, und daß es für dein Volk Israel keinen anderen Beschützer gibt als dich allein.

## *Judits Gang ins feindliche Lager:* $10^{1-19}$

10 1 Als sie ihr flehentliches Gebet zu dem Gott Israels beendet und alles gesagt hatte, 2 stand sie auf, rief ihre Dienerin und stieg in das Haus hinab, wo sie sich am Sabbat und an den Festtagen aufzuhalten pflegte. 3 Dort legte sie das Bußgewand ab, das sie trug, zog ihre Witwenkleider aus, wusch ihren Körper mit Wasser und salbte sich mit einer wohlriechenden Salbe. Hierauf ordnete sie ihre Haare, setzte ein Diadem auf und zog die Festkleider an, die sie zu Lebzeiten ihres Gatten Manasse getragen hatte. 4 Auch zog sie Sandalen an, legte ihre Fußspangen, Armbänder, Fingerringe, Ohrgehänge und all ihren Schmuck an und machte sich schön, um die Blicke aller Männer, die sie sähen, auf sich zu ziehen. 5 Ihrer Dienerin gab sie einen Schlauch Wein und ein Gefäß mit Öl; sie füllte einen Sack mit Gerstenmehl, getrockneten Feigen und reinen Broten, verpackte all diese Dinge sorgfältig und lud sie ihrer Dienerin auf. 6 Darauf gingen sie zum Stadttor von Betulia hinaus. Dort trafen sie Usija sowie Kabri und Karmi, die Ältesten der Stadt, auf ihrem Posten. 7 Als sie Judits verwandeltes Aussehen sahen und die Kleider, die sie angelegt hatte, ka-

Bund, der durch die Vernichtung des Volkes aufgehoben würde, der Zion, also Jerusalem und das Heilige Land, das Jer $12^{7}$ Hos $8^{1}$ $9^{15}$ und Sach $9^{8}$ ebenfalls als Haus, genauer als Haus Jahwes bezeichnet wird. Söhne Gottes werden die Israeliten öfter genannt, vgl. Dtn $14^{1}$ $32^{5.19}$ Jes $1^{2}$ Weish $9^{7}$ $12^{21}$. 14 Daß Jahwe sein Volk in allen Lagen beschützt, begegnet als gängiger Topos $5^{21}$ $6^{2}$ und mit besonderer Häufigkeit in den Psalmen.

$10^{2}$ Judit beendet ihr Beten; sie erhebt sich aus der Gebetshaltung, die sie nach $9^{1}$ eingenommen hatte: Sie steht vom Boden auf, auf den sie sich hingeworfen hatte. 3f Aus der Büßerin wird die aufgeputzte Frau, die ihre Schönheit betont herausstellt, um die Blicke der Männer zu fangen, auf sich zu lenken und vor allem, um Holofernes mit Erfolg betören zu können. 5 Bei den Vorbereitungen für ihr Unternehmen wird besonders die Reinheit der Brote erwähnt, um die Gesetzestreue der Judit zu unterstreichen. Zudem will sie durch die Verköstigung aus eigenen Lebensmittelvorräten der Verunreinigung durch Speisen von der Tafel des Holofernes entgehen. 7f Das Motiv des Besonderen und Wunderbaren in der Gestalt und im Auftreten der Judit wird in ansteigender Linie von den Stadtältesten, 14 von den as-

men sie aus dem Staunen über ihre Schönheit nicht mehr heraus und
sagten zu ihr: 8 Der Gott unserer Väter mache dich zu einem Werk-
zeug seiner Gnade und lasse dein Vorhaben gelingen, zum Ruhm Is-
raels und zur Verherrlichung Jerusalems. 9 Sie aber neigte sich vor
Gott im Gebet und sagte dann zu ihnen: Gebt Befehl, daß mir das
Stadttor geöffnet wird; ich will hinausgehen und tun, was ihr mit mir
besprochen habt. Da befahlen sie den jungen Männern, das Tor für
sie zu öffnen, wie sie es gewünscht hatte. 10 Man öffnete das Tor, und
Judit ging mit ihrer Dienerin hinaus. Die Männer in der Stadt aber
sahen ihr nach, bis sie den Berg hinabgestiegen und durch das Tal ge-
gangen war und man sie nicht mehr sehen konnte.
11 Als sie im Tal weitergingen, begegneten ihr assyrische Vorposten.
12 Sie hielten sie fest und fragten: Zu welchem Volk gehörst du? Wo-
her kommst du, und wohin gehst du? Sie antwortete: Ich gehöre zum
Volk der Hebräer und laufe von ihnen fort, weil sie euch doch bald
zum Fraß vorgeworfen werden. 13 Ich will zu Holofernes, dem Ober-
befehlshaber eures Heeres, gehen und ihm eine zuverlässige Nach-
richt bringen; ich will ihm zeigen, welchen Weg er einschlagen muß,
um das ganze Bergland in seinen Besitz zu bringen, ohne daß dabei
einer von seinen Leuten Leib und Leben verliert. 14 Als die Männer
ihre Worte hörten und ihr Gesicht betrachteten, dessen Schönheit sie
bezauberte, sagten sie: 15 Du hast dein Leben gerettet, weil du dich
beeilt hast, von dort oben unserem Herrn entgegenzugehen. Komm
jetzt zu seinem Zelt! Einige von uns werden dich begleiten und dich
ihm übergeben. 16 Hab keine Angst, wenn du vor ihm stehst. Sag ihm,
was du zu sagen hast, dann wird er dich gnädig behandeln. 17 Darauf
wählten sie von ihren Leuten hundert Männer zum Geleit für Judit
und ihre Dienerin aus; diese führten sie zum Zelt des Holofernes.
18 Im ganzen Lager entstand eine große Unruhe; denn die Nachricht
von Judits Ankunft hatte sich schon in den Zelten herumgesprochen.
Die Leute eilten herbei und umringten sie, als sie vor dem Zelt des
Holofernes stand, bis man sie ihm angemeldet hatte. 19 Sie bewunder-
ten ihre Schönheit und übertrugen ihre Bewunderung auch auf die Is-

syrischen Wachen, [19] vom ganzen Heerlager festgestellt, bis schließlich [23] zuletzt Holofernes davon gänzlich in Bann geschlagen wird. Nach 11[20] wird das Außergewöhnliche an Judit auf ihre einzigartige Weisheit zurückgeführt, die in den Wundertaten Jahwes durch sie selber 16[13] begründet ist. [9] Ihr Anbetungsgestus legt Unternehmen und Gelingen ausschließlich in Gottes Hand; er allein kann dem Segenswunsch der Stadtältesten Erfolg bescheren.

Der Abschnitt [11–23] schildert in drei Stufen die steigende Wirkung der Betörungskunst der Judit. Sie sind jeweils durch einen besonderen Hinweis auf ihre Schönheit [14.19.23] gekennzeichnet. Dieser kunstvolle Aufbau ordnet den Bericht von innen her auf die Begegnung der Judit mit Holofernes hin. [19] Der Eindruck der Schönheit der Judit verstärkt sich folglich in dem Maße, je näher sie Holofernes kommt. Das Wort verachten meint an dieser Stelle ein un-

raeliten. Einer sagte zum andern: Wer kann dieses Volk verachten, das solche Frauen in seiner Mitte hat? Es wäre nicht klug, auch nur einen einzigen Mann von ihnen übrig zu lassen; wenn man sie laufen läßt, sind sie imstande, noch die ganze Welt zu überlisten.

### *Die Begegnung mit Holofernes:* 10[20–23]

[20] Schließlich kamen die Leibwächter des Holofernes und sein ganzes Gefolge heraus und führten sie in das Zelt. [21] Holofernes lag auf seinem Lager unter einem Mückennetz aus Purpur und Gold, in das Smaragde und andere Edelsteine eingewebt waren. [22] Als man ihm Judit anmeldete, trat er in den Vorraum des Zeltes hinaus, wobei ihm silberne Leuchter vorangetragen wurden. [23] Sobald er und sein Gefolge Judit erblickten, gerieten sie alle in Erstaunen über die Schönheit ihres Gesichts. Sie warf sich vor ihm nieder und huldigte ihm, doch seine Diener richteten sie wieder auf.

### *Das Gespräch des Holofernes mit Judit:* 11[1–23]

11[1] Holofernes sagte zu ihr: Nur Mut, Frau, fürchte dich nicht! Ich habe noch keinem Menschen etwas zuleid getan, der sich für den Dienst Nebukadnezzars, des Königs der ganzen Erde, entschieden hat. [2] Ich hätte auch jetzt gegen dein Volk, das im Bergland wohnt, nie meinen Speer erhoben, wenn es mir nicht seine Verachtung ge-

berechtigtes Verschonen Israels. [21] Das Mückennetz in seiner übertriebenen Kostbarkeit gilt als ein besonders auffälliges Zeichen der Überheblichkeit und gleichfalls der maßlosen Weichlichkeit. Der Krieger lebt dagegen nach der Meinung des AT spartanisch einfach 2 Sam 11[11]. Auch in der klassischen Literatur gilt das Mückennetz als Ausdruck unmilitärischer Üppigkeit, vgl. Horaz, Epoden 9[16]. Im Fortgang der Erzählung spielt das Mückennetz eine herausragende Rolle 13[9.15]; nach 16[19] wird es zuletzt als Banngut dem Heiligtum Jahwes übergeben. [22] Insgesamt werden drei Teile des Zeltes des Holofernes herausgehoben: das Vorzelt, in dem Holofernes Judit begegnet, der Zwischenraum für die Leibwächter und der Schlafraum des Holofernes mit der breiten Lagerstätte. Auch die silbernen Leuchter sollen den Lebenszuschnitt des Holofernes als überaus verschwenderisch und zudem als luxuriös und weichlich dartun. [23] In Gegenwart des Oberfeldherrn hält sich das Entzücken seines Gefolges über die Schönheit der Frau an die festen Formen der Etikette. Ähnlich wie Rut 2[10], wie Abigajil David gegenüber 1 Sam 25[23], tritt Judit vor Holofernes auf. Mit dem Einlaß in sein Zelt hat sie die notwendige und entscheidende Voraussetzung dafür erreicht, daß ihr Rettungsvorhaben gelingt.

11[1] Mit herablassendem Wohlwollen eröffnet Holofernes sein Gespräch mit Judit, das auf ihren Dienst, vielleicht sogar auf ihre kultische Verehrung Nebukadnezzars abzielt. [2–4] Das Erheben des Speeres, ur-

zeigt hätte; das haben sie sich selbst zu verdanken. 3 Sag mir jetzt,
warum du von ihnen entflohen und zu uns übergelaufen bist. Es war
deine Rettung, daß du hergekommen bist. Sei unbesorgt, du wirst
heute nacht und auch weiterhin am Leben bleiben. 4 Niemand wird
dir ein Leid antun. Im Gegenteil, man wird dich gut behandeln, wie
es die Diener meines Herrn, des Königs Nebukadnezzar, gewohnt
sind.
5 Judit sagte zu ihm: Nimm die Worte deiner Sklavin gnädig auf, und
erlaube deiner Magd, vor dir zu reden. Ich erzähle meinem Herrn in
dieser Nacht keine Lüge. 6 Wenn du dem Rat deiner Magd folgst,
dann wird Gott dein Unternehmen zu einem guten Ende führen, und
mein Herr wird sein Ziel nicht verfehlen. 7 Denn so wahr Nebukad-
nezzar lebt, der König der ganzen Erde, und so wahr die Macht des-
sen gilt, der dich aussandte, um alle Welt zur Ordnung zu rufen: Du

sprünglich ein den Angriff befehlender Signalgestus, vgl. Jos $8^{18f}$, ist hier nur mehr bildlicher Ausdruck für die Eröffnung der Feindseligkeiten. Daß Holofernes sich deswegen vor Judit geradezu entschuldigt, beweist, wie stark er von ihrer Gestalt und von ihrem Auftreten beeindruckt ist. Seine ausgesuchte Höflichkeit und unerwartete Freundlichkeit hat ihren Grund nicht nur in der Bewunderung der Schönheit Judits. Holofernes sieht im Kommen Judiths, der Repräsentantin ihres Volkes, vielmehr die Anerkennung der absoluten Weltmacht des Nebukadnezzar durch das Volk Israel. Seine durch Judit gewollt bewirkte Verblendung besteht darin, daß er sich als Instrument der assyrischen Weltmacht durch sie und auch durch ihr Volk bestätigt fühlt. Damit erweckt Judit den Eindruck, daß sie seine verhängnisvolle Einschätzung gottfeindlicher Weltmacht überhaupt sich zu eigen macht und sie respektiert.

Eine Steigerung im Erzählvorgang läßt sich auch $10^{12.15}$ $11^{1.3f}$ und $^{6}$ erkennen: Die Wachen sprechen von ihrem Herrn Holofernes; Holofernes bezeichnet Nebukadnezzar als seinen Herrn; Judit schließlich bringt als ihren Herrn den Gott Israels ins Spiel, während der verblendete Holofernes in völliger Verkennung der Wirklichkeit sich selbst oder Nebukadnezzar im Mund der Judit als Herr angesprochen wähnt. Doppelsinnig wirkt weiterhin die Aussage in $^{3}$, wonach Judit zu ihrer Rettung gekommen ist. Gleich doppeldeutig sind in $^{6}$ Voraussage und Rat, die Judit in ihrer erstaunlichen Unerschrockenheit dem Holofernes gibt. $^{7}$ Auch Jer $27^{6}$ $28^{14}$ Dan $2^{38}$, vgl. Bar $3^{16}$, begegnet die Ausdrucksweise, daß Nebukadnezzar sogar die Tiere des Feldes unterworfen werden sollen – eine hyperbolische Darstellung der Universalität seiner Herrschaft. Doch zielt die Äußerung der Judit auf ein anderes Ziel, als die prophetischen Texte über den geschichtlichen Nebukadnezzar es tun, dem Jahwe nach ihrer Aussage die Weltherrschaft auf Frist übertragen hat. Die Worte Judits stellen vielmehr eine beabsichtigte Täuschung des Holofernes dar. Denn im Schwur der Judit bei Nebukadnezzar liegt eine ironische Verhöhnung seines göttlichen Anspruchs. »Judit scheut sich nicht, in seinem Namen das Falsche zu bekräftigen; zum falschen Gott fügt sie den falschen Schwur« (Haag, S. 48).

Jer 27,6 machst ihm nicht nur die Menschen untertan; auch die wilden Tiere,
das Vieh und die Vögel werden dank deiner Tatkraft unter der Herr-
schaft Nebukadnezzars und seines ganzen Hauses leben. 8 Wir haben
nämlich von deiner Weisheit und von den großartigen Fähigkeiten
deines Geistes gehört; aller Welt ist bekannt, daß du allein im ganzen
Reich tüchtig bist, erfolgreich durch dein Wissen und bewunderns-
wert in der Kriegführung. 9 Was die Rede betrifft, die Achior in dei-
nem Kriegsrat gehalten hat, so sind uns seine Ausführungen zu Oh-
ren gekommen; denn die Männer von Betulia haben ihn am Leben
gelassen, und er hat ihnen alles berichtet, was er bei dir gesprochen
hat. 10 Darum sage ich dir, mein Herr und Gebieter, verachte seine
Rede nicht, sondern nimm sie dir zu Herzen! Sie entspricht nämlich
der Wahrheit: Unser Volk kann tatsächlich nur dann bestraft werden,
und das Schwert hat nur dann Gewalt über sie, wenn sie sich gegen
ihren Gott versündigt haben.
11 Jetzt aber ist es so, daß mein Herr nicht unverrichteterdinge wieder
abziehen muß. Der Tod wird über sie kommen; denn eine Sünde hat
von ihnen Besitz ergriffen, und sie werden ihren Gott zum Zorn rei-
zen, sobald sie das Unerlaubte wirklich tun. 12 Als ihnen nämlich die
Lebensmittel ausgingen und der Wasservorrat immer knapper wurde,
beschlossen sie, sich über ihr Vieh herzumachen, und sie sind gewillt,
all das zu verzehren, was Gott ihnen in seinem Gesetz als Nahrung
Dtn 14,22 18,4 verboten hat. 13 Auch die Ersterträge des Getreides und den Zehnten
von Wein und Öl, die sie als Weihegaben für die diensttuenden Prie-
ster unseres Gottes in Jerusalem aufbewahrt haben, beschlossen sie,
restlos zu verzehren; dabei darf keiner aus dem Volk die Weihegaben
auch nur mit den Händen anrühren. 14 Sie haben Boten nach Jerusa-
lem geschickt, weil die dortige Bevölkerung ebenso gehandelt hat;
nun sollen die Boten ihnen den Schulderlaß des Ältestenrates besor-

8 Die derbe Schmeichelei, die im Orient nicht so eindrucksvoll wirkt wie für unser Empfinden, deutet mit unüberhörbarem Unterton auf das drohende Verhängnis des Holofernes hin. 9–11 Judit knüpft bewußt an der Rede des Achior an. Was Holofernes dem Achior übelnahm, läßt er sich von Judit sagen, weil sie im Gegensatz zu Achior mit der für Holofernes günstigen Möglichkeit schließt und deren bevorstehenden Eintritt ankündigt. »Hatte die Rede Achiors den Sinn: Gott ist mit diesem Volk, so will Judit nun in Holofernes genau den gegenteiligen Eindruck hervorrufen: Gott ist nicht mehr mit diesem Volk« (Haag, S. 48). 12f Daß die belagerte Stadt sich in ihrer Not gegen die Speisegesetze und das Zehntgebot versündigt, klingt glaubhaft. Vielleicht denkt der Erzähler an den Genuß von Tierfleisch mit Blut, an das Fleisch von verendeten oder von unreinen Tieren. 14 Daß auch die Bewohner von Jerusalem ähnlich gehandelt haben, braucht sich nicht nur auf die augenblickliche Lage zu beziehen, von der die Hauptstadt unmittelbar noch nicht berührt ist. Welches Ereignis in der Vergangenheit dann aber gemeint sein könnte, bleibt dunkel. Beachtenswert ist, daß

gen. [15] Doch folgendes wird geschehen: Sobald ihnen der Schulderlaß mitgeteilt ist und sie zur Tat schreiten, werden sie dir noch am gleichen Tag zu ihrem Verderben ausgeliefert. [16] Daher bin ich, deine Sklavin, von ihnen weggelaufen, nachdem ich das alles durchschaut hatte. Ja, Gott hat mich gesandt, damit ich mit dir die Dinge vollbringe, über die alle Welt, wenn sie davon erfährt, in Staunen gerät. [17] Deine Sklavin ist eine gottesfürchtige Frau und dient Tag und Nacht dem Gott des Himmels. Jetzt will ich bei dir bleiben, mein Herr; doch in der Nacht wird deine Sklavin in die Schlucht hinausgehen. Ich will zu Gott beten, und er wird mir sagen, wann sie ihre Sünden begangen haben. [18] Dann will ich kommen und es dir mitteilen. Du aber wirst mit deinen Truppen ausziehen, und keiner von ihnen wird dir Widerstand leisten. [19] Ich werde dich quer durch Judäa bis nach Jerusalem führen und dort mitten in der Stadt deinen Feldherrnstuhl aufrichten. Du wirst sie wegführen wie Schafe, die keinen Hirten haben, und kein Hund wird gegen dich bellen. Das wurde mir

der Schulderlaß, das heißt, die Dispens nicht vom Hohenpriester, sondern vom Ältestenrat, dem Synhedrium Mt $5^{2}$ $26^{59}$ erteilt wird, vgl. 2 Makk $1^{10}$–$2^{18}$. Das spricht für die späte Abfassungszeit von Jdt in der Makkabäer-Zeit.

[15] Die Ansicht aber, daß es von den Vorschriften des Gesetzes eigentlich keine Dispens geben kann, ist nicht nur eine rhetorische Floskel in der Rede der Judit. Sie wurde vielmehr von gesetzestreuen Juden bis zur Hingabe des eigenen Lebens ernst genommen 1 Makk $2^{32-38}$.

[16] Doppeldeutig mutet schließlich die Schlußfolgerung an, die Judit zieht: Sie denkt an den Untergang des Holofernes, er im Gegensatz dazu an seinen baldigen Sieg und Triumph.

[17] Gebet zur Nachtzeit war zwar nicht vorgeschrieben, wurde aber offenbar von frommen Juden geübt Ps $42^{9}$ $119^{62}$. Für die Mitglieder der Gemeinschaft von Qumran wird es zur Pflicht. An unserer Stelle steht dieser Brauch im Dienst des Plans der Judit $13^{3}$.

[18f] Würde die Rede der Judit nur aus Wendungen wie in [6] und [16] bestehen, dann könnte man behaupten, sie rede in ihrem Sinn wahr, wenn auch doppeldeutig. Nur seine Eitelkeit und seine völlige Verblendung hinderten Holofernes daran, sie richtig zu verstehen. Aber der übrige Inhalt der Rede läßt sich nicht als Doppeldeutigkeit erklären und abtun, sondern ist ganz eindeutig auf die Täuschung des assyrischen Feldherrn angelegt. Judit vertritt in ihrem Vorgehen den auch heute keineswegs überwundenen Standpunkt, daß Täuschung des Feindes zu den erlaubten Mitteln der Kriegsführung gehört. Zum Bild vom Hund vgl. Ex $11^{7}$! Nach Jer $3^{17}$ $14^{21}$ $17^{12}$ ist Jerusalem der Thronsitz Jahwes. Soll nun Holofernes seinen Thron dort aufstellen, so bedeutet das, daß er Jahwe entthronen und sich an die Stelle Jahwes setzen will. – Das Bild von den Schafen ohne Hirten – ein weit verbreiteter Topos im Alten Orient und in Ägypten – besagt, daß Israel nach Verlust seines Hirten Jahwe dem Feind schutzlos preisgegeben ist, vgl. Num $27^{17}$ 1 Kön $22^{17}$ Ez $34^{1-6}$ Sach $11^{15f}$ $13^{7}$. Mit ähnlichen Formulierungen, wie die Beauftragung des Holofernes durch Nebukadnezzar beschrieben wurde,

kraft meiner Sehergabe offenbart, und ich bin hergesandt worden,
um es dir kundzutun.
[20] Ihre Worte gefielen Holofernes und seinem ganzen Gefolge. Sie
staunten über die Weisheit und sagten: [21] Es gibt von einem Ende der
Erde bis zum andern keine zweite Frau, die so bezaubernd aussieht
und so verständig reden kann. [22] Holofernes sagte zu ihr: Dein Gott
hat wohl daran getan, daß er dich aus deinem Volk hersandte; so
wird uns der Sieg zuteil, aber jene, die meinen Herrn verachtet ha-
ben, wird das Verderben treffen. [23] Wahrhaftig, du bist wunderschön
und verstehst ausgezeichnet zu reden. Wenn du tust, was du verspro-
chen hast, dann soll dein Gott auch mein Gott sein; du sollst im Pa-
last des Königs Nebukadnezzar wohnen und in aller Welt berühmt
sein.

### *Judits Sorge um die rituelle Reinheit:* 12[1–9]

12[1] Dann ließ er sie in den Raum führen, wo sein silbernes Tafelgerät
aufgestellt war, und befahl, ihr von den feinen Speisen auf seinem
Tisch vorzusetzen und von seinem Wein zu trinken zu geben. [2] Doch
Dan 1[8] Judit sagte: Ich werde nichts davon nehmen, damit ich keinen Anstoß
errege. Man soll mir statt dessen von meinen Vorrat zu essen geben,
den ich mitgebracht habe. [3] Da fragte Holofernes: Wenn aber dein

12[3] Beschaffen, um sie dir zu geben, so im Text.

wird die Sendung der Judit geschildert, ohne daß der sendende Gott ausdrücklich genannt wird.
[20–22] Das Lob der Weisheit der Judit im Mund des Holofernes und seines Gefolges wird durch den weiteren Verlauf der Ereignisse als blanke Ironie erwiesen. Denn Holofernes ist der Täuschung durch Judit von Anfang an völlig erlegen. [23] »Dein Gott soll mein Gott sein« erinnert zwar dem Wortlaut nach an Rut 1[16], wirkt freilich angesichts von 3[8] 6[2] im Mund des Holofernes geradezu grotesk. Der Erzähler läßt ihn wohl deswegen diesen Ausspruch tun, weil er als das größte Kompliment gilt, das Ausländer einem Juden überhaupt machen können. Die vollendete Betörung des Holofernes durch Judit veranschaulicht das grundlegende Mißverständnis, das die entartete heidnische Weltmacht hinsichtlich ihrer Machtentfaltung empfindet: Ihr Verhängnis ist es, daß sie dem maßlosen Machttrieb gänzlich verfallen ist, für die von Gott bewirkten Realitäten völlig blind wird und so notwendig Gottes Gericht herausfordert, das Holofernes unwiderruflich bald ereilen soll.
12[1] Es handelt sich dabei um einen abgeteilten Raum im Zelt des Holofernes, der als Speiseraum dient, in dem Judit vor unerwünschten Zudringlichkeiten geschützt ist. [2] Als gesetzestreue Israelitin lehnt sie grundsätzlich Speisen aus heidnischer Hand ab. Ähnlich weigert Daniel sich, sich durch Speisen von der Tafel Nebukadnezzars zu verunreinigen, Dan 1[8–21]. Vergleichbar meidet auch Tobit heidnische Speisen Tob 1[10–12]. Gleich motiviert wird 2 Makk 6[18]–7[2] die Bereitschaft, eher den Tod auf sich zu nehmen, als sich durch das Essen unreiner Speisen zu versündigen. [3f] Auf die besorgte

Vorrat erschöpft ist, woher sollen wir dann solche Nahrungsmittel
beschaffen? Wir haben ja niemand aus deinem Volk bei uns. 4 Judit
erwiderte: Bei deinem Leben, mein Herr, noch bevor deine Magd
ihren Vorrat aufgebraucht hat, wird der Herr durch meine Hand
vollbringen, was er beschlossen hat. 5 Darauf führten die Diener des
Holofernes sie in das Zelt, wo sie bis Mitternacht schlief. Um die Zeit
der Morgenwache stand sie auf, 6 schickte einen Boten zu Holofernes
und ließ ihm sagen: Möge mein Herr Anweisung geben, daß man
deine Sklavin zum Gebet hinausgehen läßt. 7 Da befahl Holofernes
seinen Leibwächtern, sie nicht daran zu hindern. So verbrachte sie
drei Tage im Lager und ging jede Nacht in die Schlucht von Betulia
hinaus, um sich im Lager an der Wasserquelle zu baden. 8 Wenn sie
aus dem Bad herausstieg, flehte sie zu dem Herrn, dem Gott Israels,
er möge ihr Vorhaben gelingen lassen und ihrem Volk wieder aufhel-
fen. 9 Dann kehrte sie im Zustand der Reinheit zurück und blieb in
dem Zelt, bis sie gegen Abend ihr Essen zu sich nahm.

Frage des Holofernes, wenn aber der Vorrat an reinen Nahrungsmitteln erschöpft sei, antwortet Judit doppelsinnig. Jahwe wird Judit nicht in die Notlage ihrer Landsleute kommen lassen, sondern vorher seine rettende Tat vollbringen. 6 Morgenwache bezeichnet die letzte Nachtwache vor Sonnenaufgang Ex $14^{24}$; nach römischem Brauch dauert sie von 3 Uhr bis 6 Uhr morgens. An ihrem Ende konnte bereits das Morgengebet verrichtet werden Num $15^{37-41}$ Dtn $6^{4-9}$ $11^{13-21}$. Daß Judit um diese ungewohnte Zeit an Holofernes herantritt, beweist, daß das Gesetz des Handelns nunmehr vollends in ihrer Hand liegt. 7 Drei Tage der Reinigung sind auch sonst ein wesentliches Element für die Wende der Not, Ex $19^{10f}$. Das Bad dient der Reinigung von Befleckung durch die heidnische Umgebung, vgl. die rituellen Waschungen als Vorbereitung für den priesterlichen Dienst Ex $30^{19-21}$ und Lev $16^{4.24}$, wo sie bereits auf die Laien ausgedehnt sind. Das Bad der Judit hängt mit der erwarteten Hilfe Gottes zusammen. Wie Israel sich auf das Kommen Gottes durch besondere Riten der Heiligung vorbereitet Ex $19^{10}$ Jos $3^{5}$ $7^{13}$, so hält Judit sich von allem Heidnischen fern und bereitet sich durch Bad und Gebet auf das rettende Eingreifen Jahwes vor. Nach dem chronologischen Rahmen der Erzählung verläßt Judit am 35. Tage der Not das Lager, vollzieht an drei Tagen bis zum 38. Tag die rituelle Reinigung, wird am 39. Tag zum Gastmahl des Holofernes geladen und vollbringt in der Nacht auf den 40. Tag die große Rettungstat, die dann am folgenden Morgen durch den Gottesschrecken, der das feindliche Heer überfällt, zu Ende geführt wird. So wird am 40. Tag die aussichtslose tiefe Not durch Gott gewendet.

9 Am Abend fand gewöhnlich die Hauptmahlzeit statt. Daß sie die einzige Mahlzeit Judits ist, beweist, daß sie ihr Fasten auch im Lager der Assyrer beibehält, um ihr Bittgebet auf diese Weise zu unterstützen.

### *Judit beim Gastmahl des Holofernes:* $12^{10-20}$

10 Am vierten Tag gab Holofernes ein Gastmahl nur für seine Diener-
schaft; von den Männern, die sonst um ihn waren, lud er keinen ein.
11 Dem Eunuchen Bagoas, der sein ganzes Eigentum zu verwalten
hatte, gab er den Auftrag: Geh und rede der Hebräerin zu, die deiner
Obhut anvertraut ist, daß sie zu uns kommt und mit uns ißt und
trinkt. 12 Es wäre wahrhaftig eine Schande für uns, wenn wir eine sol-
che Frau gehen ließen, ohne mit ihr zusammengewesen zu sein. Sie
selber würde uns auslachen, wenn wir sie nicht an uns rissen. 13 Ba-
goas ging weg, trat bei Judit ein und sagte: Möge das schöne Mäd-
chen nicht zögern, zu meinem Herrn zu kommen; sie soll ihm gegen-
über den Ehrenplatz einnehmen, mit uns Wein trinken und fröhlich
sein und heute den assyrischen Mädchen gleich werden, die im Palast
Nebukadnezzars ihren Dienst tun. 14 Judit entgegnete: Wer bin ich,
daß ich meinem Herrn widersprechen dürfte? Ich will unverzüglich
alles tun, was er wünscht; das soll mir eine Freude sein bis zum Tag
meines Todes.
15 Judit stand auf, legte ihr bestes Kleid und ihren ganzen Schmuck

$12^{13}$ Sie soll ... einnehmen, wörtlich: um vor ihm geehrt zu werden.
$12^{15}$ Eilte voraus, lies mit Hs B προῆλθεν, statt προσῆλθεν.

$^{10-12}$ Der persische Name Bagoas, der Eunuch bedeutet, begegnet von den Elefantine-Papyri des 5. Jahrhunderts an bis hinab in die Alexanderzeit. Die Anweisung an ihn läßt über die Absichten des Holofernes keinen Zweifel und macht verständlich, warum das Gelage im engsten Kreise, wahrscheinlich nur in Gemeinschaft mit wenigen vertrauten Offizieren stattfindet. Daß Holofernes eindeutige Absichten verfolgt und mit Judit geschlechtlich verkehren will, beweist das Verbum an sich reißen, vgl. Gen $6^{1-4}$ $12^{10-20}$ 2 Sam 11, wonach der Überlegene die schöne Frau an sich reißt. $^{13}$ Die Worte des Eunuchen sind trotz ihrer Schönfärberei nicht mißzuverstehen. Die Erwähnung des Nebukadnezzar vertieft den Sinn dieser Szene. Es geht hintergründig darum, ob Judit dem verlockenden Druck der Weltmacht nachgibt, sich wie eine Dirne benimmt, vgl. Jes $1^{21}$ Jer $2^{20-25}$ Ez 16.23 Hos 1–3, oder ob sie ihre Absonderung von allem heidnischen Wesen durchhält und einzig dem wirklichen Weltherrn Jahwe treu bleibt.

$^{14}$ Judits Antwort bewegt sich in höflichen Phrasen, die nach dem ersten Anschein Zustimmung ausdrücken. Doch das ist nur scheinbar so. In Wirklichkeit denkt sie an ihr fest geplantes Vorhaben. In diesem Sinn ist auch das Wort Freude zu verstehen. Bagoas ahnt von dieser Doppelsinnigkeit nichts. Ihre ironischen Worte verblenden den Feind nur um so mehr. $^{15}$ Für Judit ist das Ende der Fastenzeit gekommen, sie legt ihren ganzen Schmuck an, nicht nur, um Holofernes mit ihrer Schönheit zu betören, sondern vielmehr deswegen, weil die Rettung ihrer Heimatstadt durch Gott bevorsteht, vgl. Ex $19^{14f}$. Auch hier achtet der Erzähler genau darauf, Judit in keiner Weise zu kompromittieren: Wäh-

an. Ihre Dienerin eilte voraus und legte für sie gegenüber von Holo-
fernes die Teppiche auf den Boden, die sie von Bagoas als Lager für
ihre täglichen Mahlzeiten erhalten hatte. 16 Darauf trat Judit ein und
nahm Platz. Holofernes aber war über sie ganz außer sich vor Ent-
zücken. Seine Leidenschaft entbrannte, und er war begierig danach,
mit ihr zusammenzusein. Denn seit er sie gesehen hatte, lauerte er auf
eine günstige Gelegenheit, um sie zu verführen. 17 Als Holofernes sie
aufforderte: Trink doch, und sei vergnügt mit uns!, 18 erwiderte Judit:
Gern will ich trinken, Herr, denn ich habe in meinem ganzen Leben
noch keine solche Ehre erfahren wie heute. 19 Sie griff zu, aß und
trank vor seinen Augen, was ihre Dienerin zubereitet hatte. 20 Holo-
fernes wurde ihretwegen immer fröhlicher und trank so viel Wein,
wie er noch nie zuvor in seinem Leben an einem einzigen Tag getrun-
ken hatte.

### *Judits Rettungstat:* $13^{1-10}$

13 1 Als es dann Nacht geworden war, brachen seine Diener eilig auf.
Bagoas schloß von außen das Zelt und trennte so die Diener von sei-
nem Herrn. Sie suchten ihr Nachtlager auf, denn sie waren alle von
dem ausgedehnten Mahl ermüdet. 2 Judit allein blieb in dem Zelt zu-

rend Holofernes auf seinem Bett liegt, nimmt Judit ihm gegenüber auf dem Boden Platz.

16 Die Stimmungslage des Holofernes wird mit einer auch sonst im AT anzutreffenden Unverblümtheit und Direktheit wiedergegeben und so für den normalen Leser hinreichend und eindeutig geschildert.

17–20 Bei ihrer Antwort an Holofernes denkt Judit begreiflicherweise an ihr Vorhaben, also an ganz etwas anderes, als was der Feldherr annimmt. Die Stunde und die Gelegenheit, die er sucht und gefunden zu haben meint, erweisen sich als verhängnisvolle Täuschung für ihn, während sie, der Judit von Jahwe eingegeben, Israel die Rettung bringen.

18.20 unterstreicht der Erzähler den auffälligen Kontrast der beiden Gestalten: Die in Treue zum Gesetz und nach Gottes Willen handelnde Judit wird dem unbeherrschten, hemmungslos gierigen und damit völlig unüberlegt vorgehenden Holofernes gegenübergestellt. In den beiden Gestalten stehen das gottgefällige Israel und das gottlose, ja gottwidrige Heidentum in typischer Ausprägung einander gegenüber. Mit trefflichen Zügen wird der bei dieser Gelegenheit dem Rauschtrank maßlos wie sonst nie verfallene Holofernes gezeichnet, der sich durch seine beispiellose Unbeherrschtheit und Zügellosigkeit selbst den Untergang bereitet.

13 1 Das Verschließen des Zeltes geschah durch das Zuziehen der Vorhänge, vgl. $14^{15}$. Selbst das Dienstpersonal, dem in der Regel auch die Bewachung des Zeltes aufgetragen ist, zieht sich zurück. Durch diese Maßnahme will Bagoas seinem Herrn eine ungestörte Liebesnacht sichern. In Wirklichkeit wird sie auf diese Weise für Judit ein besonderer Hulderweis Gottes. 2 Drastisch schildert der Text die sinnlose Trunkenheit des Holofernes, die ihn und mit ihm die Feinde des Gottesvolkes zum

rück, wo Holofernes, vom Wein übermannt, vornüber auf sein Lager
gesunken war. 3 Judit hatte ihrer Dienerin befohlen, draußen vor
ihrem Schlafgemach stehen zu bleiben und wie alle Tage zu warten,
bis sie herauskäme; sie werde nämlich zum Gebet hinausgehen. Im
gleichen Sinne hatte sie auch mit Bagoas gesprochen. 4 Inzwischen
hatte sich die ganze Gesellschaft entfernt, und es befand sich kein
Mensch mehr im Schlafgemach des Holofernes. Judit trat an das La-
ger des Holofernes und betete still: Herr, du Gott aller Macht, sieh in
dieser Stunde gnädig auf das, was meine Hände zur Verherrlichung
Jerusalems tun werden. 5 Jetzt ist der Augenblick gekommen, daß du
dich deines Erbbesitzes annimmst und daß ich mein Vorhaben aus-
führe, zum Verderben der Feinde, die sich gegen uns erhoben haben.
6 Dann ging sie zum Bettpfosten am Kopf des Holofernes und nahm
von dort sein Schwert herab. 7 Sie ging ganz nahe zu seinem Lager
hin, ergriff sein Haar und sagte: Mach mich stark, Herr, du Gott Is-
raels, am heutigen Tag! 8 Und sie schlug zweimal mit ihrer ganzen

13,3 Sie werde nämlich, sagte sie.

13,4 Kein Mensch mehr, wörtlich: niemand, vom Kleinsten bis zum Größten, vgl. 13. – Still, wörtlich: in ihrem Herzen.

endgültigen Zusammenbruch und Untergang führt. 3 Judit dagegen hatte wie an den vorhergehenden Tagen Vorsorge getroffen, das Zelt des Holofernes unauffällig verlassen und durch das Lager des Feindes wie an den vorhergehenden Tagen zur Quelle zum Gebet gehen zu können. 4f Der antike Mensch betet in der Regel laut. Stilles Gebet ist selten und ungewöhnlich 1 Sam 1,12–14; doch hier gebieten es die besonderen Umstände. Die Zielangabe des Gebets »zur Verherrlichung Jerusalems« überschreitet den Rahmen der vorgegebenen Situation und zeigt die überindividuelle Bedeutung des Geschehens für das gesamte Volk Israel an, hinter dem Jahwe steht. Mit seinem Eingreifen soll er sich seines Erbbesitzes wieder annehmen und seine rettende Macht an Israel enthüllen. Davon wird vor allem Jerusalem als Zentrum der Gottesherrschaft berührt. Denn in der Tat der Judit vollzieht Gott sein Strafgericht an der heidnischen widergöttlichen Weltmacht offen vor aller Augen. 6f Das Geschehen wird hoch dramatisch erzählt; die einzelnen Momente im packenden Vorgehen der Judit werden dabei plastisch ausgeleuchtet. Das Ergreifen des Haares soll den Nacken für den Schwerthieb freilegen. Wie Goliat durch David wird Holofernes durch Judit mit seinem eigenen Schwert enthauptet. Das Stoßgebet unmittelbar vor ihrem Zuschlagen ist psychologisch denkbar gut verständlich als Ausdruck des natürlichen Schauderns einer Frau vor solch grausamer Tat. Doch ist es die letzte Versicherung der engen Gottverbundenheit, damit das Werk gelingt. 8 Der trotz aller aufgewandten Kraft nötige doppelte Hieb zeigt das an und für sich physische Ungenügen der Frau zu einem solchen Unternehmen, weist auf den durch sie handelnden Gott hin und läßt dadurch die Schmach im Untergang des Gewaltmenschen um so sinnfälliger in Erscheinung treten. 9 Das Herabwälzen des Rumpfs dient nicht

Kraft auf seinen Nacken und hieb ihm den Kopf ab. [9] Dann wälzte
sie seinen Rumpf von dem Lager und riß das Mückennetz von den
Tragstangen herunter. [10] Kurz danach ging sie hinaus und übergab
den Kopf des Holofernes ihrer Dienerin, die ihn in einen Sack
steckte. Sie machten sich dann beide wie gewöhnlich auf den Weg,
als wollten sie zum Beten gehen. Sie gingen jedoch, nachdem sie das
Lager durchquert hatten, um die Schlucht herum, stiegen den Berg
nach Betulia hinauf und gelangten vor das Stadttor.

### *Judits Rückkehr nach Betulia und der Jubel des Volkes:* $13^{11-17}$

[11] Schon von weitem rief Judit den Wächtern am Tor zu: Öffnet, öff-
net schnell das Tor! Gott ist mit uns, ja, unser Gott ist mit uns. Er of-
fenbart in Israel seine segensreiche Macht, an unseren Feinden aber
seine strafende Gewalt. Das hat er auch heute bewiesen. [12] Als die
Männer in der Stadt ihre Stimme hörten, eilten sie zum Stadttor hin-
unter und riefen die Ältesten der Stadt zusammen. [13] Alle liefen her-
bei, vom Kleinsten bis zum Größten, denn sie konnten es nicht fas-
sen, daß Judit zurückgekommen war. Sie öffneten das Tor und ließen
die beiden Frauen herein. Dann zündeten sie ein Feuer an, um den

$13^{10}$ Einen Sack, wörtlich: in ihren Proviantsack.
$13^{11}$ Segensreiche, strafende: in EÜ zugefügt.

der Verschleierung der Tat (er liegt vor, nicht hinter dem Bett $14^{15}$!); es ist vielmehr Zeichen der »Entthronung und vollständigen Entmachtung« (Zenger, S. 508) und soll Schimpf und Schande des Geschehens nur um so deutlicher hervortreten lassen.

[10] Überlegt und geschickt, wie geplant, geradezu berechnend und mit kühlem Kopf vollzieht Judit die weiteren Schritte. So kann sie mit ihrer Magd ohne Schwierigkeiten das feindliche Lager durchqueren und unbemerkt nach Betulia zurückkehren.

[11] Dort deutet sie den Erfolg ihres Unternehmens zunächst nur an, und zwar charakteristischerweise mit einem Lobpreis Gottes. Damit bekennt sie ihren Glauben an den unwandelbaren göttlichen Plan mit Israel gegen alle feindlichen Vernichtungsabsichten. Ihr Lobpreis zeugt von ihrem unerschütterlichen Glauben und von dem Bewußtsein, daß Gott in der Geschichte seines Volkes allzeit seine rettende Macht einsetzt, wenn Israel wie Judit Gottes Gesetz und Weisung treu bleibt. Die theologische Aussage »Gott ist mit uns« knüpft an zentrale Gegebenheiten der atl Überlieferung an:
1. an die Vorstellung vom Heiligen Krieg (Jahwekrieg) Ex $3^{12}$ Num $14^{7}$ Dtn $20^{4}$ Ri $6^{12}$. Judit reiht sich damit in die bedeutenden Rettergestalten der Frühzeit ein. 2. wird die theologische Bedeutung des Zion aufgegriffen, die Jes $7^{14}$ $8^{10}$ Ps 46 betont herausgestellt wird: Die Stadt auf dem Berge ist als Wohnsitz des Offenbarungsgottes uneinnehmbar. Schließlich ist 3. die göttliche Verheißung an David und sein Haus 2 Sam $7^{9}$, vgl. Jes $7^{14}$, in den Lobpreis der Judit eingegangen.

[12f] Die Wirkung der unverhofften

Platz zu beleuchten, und umringten sie. 14 Judit aber rief ihnen laut
zu: Lobt Gott, ja, lobt ihn! Lobt Gott! Er hat dem Haus Israel sein
Erbarmen nicht entzogen, sondern er hat in dieser Nacht unsere
Feinde durch meine Hand vernichtend getroffen. 15 Dann zog sie den
Kopf aus dem Sack und zeigte ihn den Männern mit den Worten:
Seht, das ist der Kopf des Holofernes, des Oberbefehlshabers der as-
syrischen Truppen, und hier ist das Mückennetz, unter dem er in sei-
nem Rausch lag. Der Herr hat ihn durch die Hand einer Frau er-
schlagen. 16 So wahr der Herr lebt, der mich auf dem Weg beschützt
hat, den ich gegangen bin: Zwar hat ihn mein Anblick verführt und in
das Verderben gestürzt, aber er hat mich durch keine Sünde befleckt
oder geschändet. 17 Das Volk war zutiefst ergriffen; sie verneigten
sich, warfen sich vor Gott nieder und riefen einmütig: Gepriesen seist
du, unser Gott, der du am heutigen Tag die Feinde deines Volkes ver-
nichtet hast.

### *Usijas Lob für Judit:* 13[18–20]

18 Usija aber sagte: Meine Tochter, du bist von Gott, dem Allerhöch-
sten, mehr gesegnet als alle anderen Frauen auf der Erde. Gepriesen

13[18] Sagte, griech. Text: sagte zu ihr. – Unser Gott, mit La.

Rückkehr der Judit wird knapp geschildert. [14] Als gottesfürchtige Frau beginnt sie geradezu zwangsläufig ihren Bericht mit der Aufforderung an ihre Landsleute, Gott zu loben. Nach Form und Inhalt stellt [14] einen kleinen Halleluja-Psalm dar. Die Botschaft von der Rettungstat des treuen und machtvollen Gottes soll die niedergeschlagene und verzweifelte Stadt zur Freude und zu neuem Mut führen und das Gelingen des Unternehmens von Judit auf Gott lenken. [15] Der Bericht selber verzichtet taktvoll auf die Wiedergabe aller Einzelheiten des Geschehens. Er wirkt überzeugend durch die mitgebrachten Beweisstücke, den Kopf des Holofernes und das Mückennetz. [16] Mit der Schwurformel wird auf die allein die Geschichte gestaltende Macht Jahwes hingewiesen; sie steht im offensichtlichen Kontrast zu den Schwuraussagen der Judit 11[7] 12[4]. Auch das Aufgreifen des Motivs vom Weg, den Gott führt, und die Betonung seines Schutzes stellen das Geschehen in eine theologische Tradition, die von den Patriarchen bis in die Weisheitsliteratur reicht. Als besondere Wirkung des göttlichen Schutzes hebt Judit hervor, daß die von Holofernes beabsichtigte Sünde verhindert und damit ihre Frauenehre bewahrt wurde – ein zentraler Zug in ihrem Charakterbild.

[17] bezeugt, daß das Volk als Antwort auf Judits Bericht in ihren Psalm einstimmt und bestätigt damit, daß die Gott angemessene Antwort auf sein unerwartetes rettendes Handeln jeweils nur der Lobpreis sein kann und sein muß.

[18–20] Der Segensspruch des Usija ahmt unverkennbar den Segen Melchisedeks über Abraham Gen 14[19] nach, vgl. auch Ri 5[24] Lk 1[28–42]. Das Tun der Judit wird dabei in kosmische Dimensionen erhoben, wie Ju-

sei der Herr, unser Gott, der Himmel und Erde geschaffen hat.
Durch seine Hilfe ist es dir gelungen, dem Anführer unserer Feinde
den Kopf abzuschlagen. 19 Die Erinnerung an dein Vertrauen soll in
Ewigkeit nicht aus den Herzen der Menschen entschwinden, die sich
an die Macht Gottes erinnern. 20 Gott möge dir ewigen Ruhm schen-
ken und dich reich mit seinem Segen belohnen. Denn in der Not un-
seres Volkes hast du dein Leben nicht geschont; nein, du hast ent-
schlossen unseren Untergang von uns abgewehrt, du bist vor unserem
Gott auf geradem Weg gegangen. Und alles Volk rief: Amen, amen.

### *Judits Anweisungen:* $14^{1-5}$

14 1 Da sagte Judit zu ihnen: Hört mich an, meine Brüder! Nehmt 2 Makk $15^{35}$
diesen Kopf, und hängt ihn an der Zinne eurer Stadtmauer auf!
2 Wenn dann der Morgen anbricht und die Sonne über der Erde auf-
geht, greift alle zu den Waffen, und rückt mit allen wehrfähigen
Männern zum Stadttor hinaus! Ihr müßt einen Anführer an ihre

dit selbst schon $9^{12}$ den schöpfungstheologischen und weltgeschichtlichen Horizont des göttlichen Handelns durch sie ähnlich herausgestellt hatte. Auch ihres Gottvertrauens wird man gedenken, wenn man sich in Zukunft der vielfältigen Großtaten Gottes in der Geschichte Israels erinnert. Da sie im Gegensatz zu ihren nur von der augenblicklichen Not bekümmerten Landsleuten der Taten Gottes in der langen ruhmvollen Vergangenheit ihres Volkes eingedenk blieb, wurde sie in der bedrängenden Notlage der Gegenwart vom unerschütterlichen Vertrauen auf die nahe Hilfe Gottes gehalten, der sie zum Werkzeug erwählte. Usija hebt insbesondere hervor, daß Judit, um dem Volk zu Hilfe zu kommen, ihr eigenes Leben aufs Spiel gesetzt hat. Ihr Gottvertrauen und daraus hervorgehend ihre wagemutige Tat bilden in seinen Augen das Große und Lobwürdige an ihr. In Usija tritt mit ziemlicher Sicherheit der Verfasser des Buches vor uns hin, für den nicht die »listige Jüdin«, sondern der Gehorsam der Judit gegen den vernommenen Ruf Gottes und die Tatsache, daß diese Frau ihr Leben für ihr Volk gewagt hat, das entscheidend Wichtige sind. Das wiederholte Amen entspricht dem Abschluß der Doxologien am Ende der Psalmbücher Ps $41^{14}$ $72^{19}$ $89^{53}$ $106^{48}$. Dadurch identifiziert sich die respondierende Kultgemeinde mit dem Vorbeter des Liedes und stimmt voll Freude zu, vgl. THAT I, 195; ThWAT I, 345–348.

$14^{1}$ Als tatkräftige und kluge Frau vergißt Judit über der Freude am gelungenen Werk die Forderung der Stunde nicht. Daß man den Kopf oder den ganzen Leichnam des getöteten Gegners aufhängt, soll den Feind demütigen und das Bewußtsein des Sieges zeichenhaft ausdrücken, vgl. 1 Sam $17^{54}$ 1 Makk $7^{47}$ 2 Makk $15^{35}$. Als Mittel, um die Assyrer zu schrecken, spielt die Prozedur für das folgende Geschehen keine Rolle; sie bleibt Episode. Wichtiger ist die von Judit weiter empfohlene Maßnahme. $^{2-4}$ Ein Scheinangriff soll das assyrische Lager alarmieren und zur Entdeckung

Spitze stellen und dann so tun, als ob ihr hinabsteigen und die assyri-
schen Vorposten in der Ebene angreifen wollt; in Wirklichkeit aber
dürft ihr nicht hinabgehen. 3 Dann werden die feindlichen Vorposten
sich kampfbereit machen, in ihr Lager eilen und die Anführer der as-
syrischen Truppen wecken. Wenn sie vor dem Zelt des Holofernes
zusammenströmen, ihn aber nicht finden, werden sie, von Schrecken
gepackt, vor euch flüchten. 4 Ihr aber und die Bewohner des ganzen
Landes Israel setzt ihnen nach und macht sie auf der Flucht nieder!
5 Doch zuvor ruft mir noch den Ammoniter Achior, damit er sich den
Mann ansieht und ihn wiedererkennt, der das Haus Israel verachtet
und der ihn als einen Todgeweihten zu uns geschickt hat.

### *Achiors Lob für Judit und seine Bekehrung:* 14,6–10

6 Da rief man Achior aus dem Haus des Usija herbei. Als er kam und

14,3 Die feindlichen Vorposten, wörtlich: sie.

der Tat Judits führen. Die so entstehende Panik sollen die Israeliten zu tatkräftiger Verfolgung ihres Gegners ausnützen. Durch diese Anweisung Judits wird die innere Verbindung zwischen ihrer Rettungstat und dem Sieg der Israeliten über die Assyrer hergestellt. Doch ist der Erzähler bemüht, die Heldin von jetzt an möglichst wenig in das kriegerische Geschehen einzubeziehen oder sie gar in kriegerischen Farben zu zeichnen. Holofernes hatte durch seine unmäßige Trunkenheit seinen Untergang selbst verschuldet; Judit, Gottes Werkzeug in seinem Untergang, nimmt an dem nun folgenden vernichtenden Kriegs- und Beutezug gegen die Assyrer nicht teil. Das geschieht am Morgen des 40. Tages der Belagerung Betulias. Das Motiv des anbrechenden Morgens ruft die Erinnerung an Gottes Eingreifen gegen die Ägypter wach Ex 14,24. Rahmen und Vorgabe des Exodus-Geschehens sind demnach in Jdt aufgegriffen: Tat Jahwes in der Nacht – nächtliche Rettungstat der Judit; Vernichtung der Feinde am folgenden Morgen, der Ägypter am Schilfmeer – der Assyrer durch das israelitische Heer. Auch die Vorstellung der aufgehenden Sonne erinnert an den Sieg des Guten über das Böse, vgl. Ps 19. Israel geht gegen die Assyrer nach dem ius talionis vor, das als Ganzes gesehen lange Jahrhunderte für Israel der Maßstab seines Handelns war.

5f In einer neuen Szene überzeugt sich der von Holofernes vermeintlich in den sicheren Tod geschickte Achior vom Schicksal seines Todfeindes. Sein Ohnmachtsanfall ist Ausdruck der tiefen Erschütterung Achiors. Darin hinwiederum manifestiert sich ein Höhepunkt des Triumphs der Judit und der Israeliten, vor allem aber ihres Gottes. Die Achior-Szene erfüllt nämlich mehrere Aufgaben. Achior identifiziert den abgeschlagenen Kopf als Haupt des Holofernes. Sein Auftritt macht zudem offenkundig, daß die Machtverhältnisse gegenüber 6,1–13 gänzlich gewandelt sind, er führt schließlich zur Aufnahme Achiors in die Gemeinschaft des Gottesvolkes. Seine Bekehrung tut zeichenhaft dar, daß die Rettung Israels letztlich auf die

in der Hand eines Mannes aus der Volksmenge den Kopf des Holo-
fernes erblickte, fiel er ohnmächtig zu Boden. 7 Nachdem man ihn
wieder aufgerichtet hatte, warf er sich Judit zu Füßen, verneigte sich
vor ihr und sagte: Gepriesen seist du in allen Zelten Judas und bei al-
len Völkern. Wer immer deinen Namen hört, wird vor Schrecken er-
zittern. 8 Doch jetzt erzähl mir, was du in diesen Tagen getan hast.
Judit berichtete ihm vor dem ganzen Volk alles, was sie getan hatte,
angefangen von dem Tag ihres Weggangs bis zu dem Augenblick
ihres jetzigen Gesprächs. 9 Als sie mit ihrem Bericht fertig war, brach
das Volk in lauten Jubel aus und erhob in der Stadt ein Freudenge-
schrei. 10 Achior aber, der begriff, daß der Gott Israels diese Tat voll-
bracht hatte, glaubte aus ganzem Herzen an Gott; er ließ sich be-
schneiden und wurde von da an dem Haus Israel zugerechnet, und so
ist es bis auf den heutigen Tag geblieben.

### *Die Verwirrung der Assyrer:* $14^{11-19}$

11 Sobald der Morgen anbrach, hängte man den Kopf des Holofernes

Anerkennung der universalen Herrschaft Jahwes über alle Völker und Menschen hinweist und hinlenkt.

7 Die Tat der Judit bringt ihr Ehre und Ansehen im ganzen Volk, doch Schrecken denen, die sich der durch sie erfolgten Kundgabe der göttlichen Macht widersetzen. 8 Erst jetzt gibt Judit einen ausführlichen Bericht über ihr Vorgehen, das der Erzähler nur summarisch erwähnt. Im Unterschied zu manchen altorientalischen Erzählungen schwelgt der Bericht keineswegs in blutrünstigen Einzelheiten.

9 Die Reaktion des Volkes bricht sich in lautem Festjubel wie beim Empfang einer guten Nachricht Bahn, 1 Sam $11^{5}$ 1 Kön $5^{21}$ Jer $20^{15}$, wie bei der Einholung eines Siegers, 1 Sam $18^{6}$, wie beim Sieg über Feinde, 1 Sam $19^{5}$ 2 Sam $1^{20}$ Am $6^{13}$.

10 Die Aufnahme Achiors in die Volksgemeinschaft Israels steht eigentlich im Widerspruch zur Forderung von Dtn $23^{4}$, wonach Ammoniter und Moabiter bis ins zehnte Geschlecht, das heißt, in alle Zukunft nicht in die Gemeinde Israels kommen dürfen. Doch ist diese Bestimmung trotz ihrer absoluten Formulierung wohl nur Ausdruck zeitbedingter geschichtlicher Verhältnisse; sie ist in dieser späten Zeit durch spätere prophetische Verheißungen überholt. Denn nach Jes $19^{24f}$ $25^{6-8}$ Jer $12^{14-17}$ wird auch den Nachbarvölkern Israels nach dem Gericht das Erbarmen Jahwes und die Aufnahme in die Gemeinde Israels in Aussicht gestellt. Das AT kennt demnach neben dem militanten gottwidrigen auch ein gottesfürchtiges Heidentum, als dessen Repräsentant in Jdt Achior gezeigt wird. Aber auch selbst den erklärtesten Gegnern Gottes wie den Assyrern steht der Weg der Umkehr zu Jahwe offen, vgl. Jona. »Bis auf den heutigen Tag« besagt kaum, daß Achior zur Zeit der Abfassung des Buches noch lebte; es ist eher an seine Nachkommen und vor allem an das lebendige Andenken an dieses ungewöhnliche Geschehen gedacht.

11f Die von Judit empfohlene Taktik im Vorgehen gegen die Assyrer wird in Szene gesetzt. Die Meldung dar-

an der Mauer auf. Alle Männer griffen zu den Waffen und zogen in
Scharen zu den Wegen, die in das Gebirge hinaufführten. 12 Als die
Assyrer sie sahen, meldeten sie es ihren Anführern; diese eilten zu
den Feldherren, Obersten und allen Offizieren. 13 Sie trafen sich beim
Zelt des Holofernes und sagten zu dem Verwalter seines gesamten
Eigentums: Weck doch unseren Herrn! Diese Sklaven wagen es her-
abzukommen und bieten uns den Kampf an, um vollends in ihr Ver-
derben zu rennen. 14 Da ging Bagoas hinein und klatschte vor dem
Zeltvorhang; denn er war der Meinung, Holofernes schlafe mit Judit.
15 Als niemand Gehör gab, schlug er den Vorhang zurück und trat in
das Schlafgemach ein. Da fand er Holofernes tot ausgestreckt auf der
Schwelle liegen und sah, daß ihm der Kopf abgeschlagen worden
war. 16 Er stieß einen lauten Schrei aus und zerriß unter Weinen,
Stöhnen und lautem Klagen seine Kleider. 17 Dann eilte er in das Zelt,
wo Judit untergebracht war; als er sie nicht mehr vorfand, stürzte er
unter die Soldaten hinaus und schrie: 18 Diese Sklaven haben Verrat
geübt! Ein einzelnes Weib der Hebräer hat Schande über das ganze
Volk des Königs Nebukadnezzar gebracht. Seht her: Holofernes
liegt am Boden, und er hat keinen Kopf mehr. 19 Als sie das hörten,

über geht den Instanzenweg durch das assyrische Lager. Daß das am Morgen geschieht, stellt das Unternehmen den Leitlinien biblischer Theologie gemäß unter die im AT geläufige Vorstellung, am Morgen auf die Hilfe Gottes zu warten. Das grundlegende und wegweisende Erlebnis dafür ist die Rettung Israels im Auszug aus Ägypten am Morgen nach der Paschanacht Ex $11^4$ $12^{12.39}$. Mit diesem geschickt angewandten literarischen Stilmittel wird die Tat Judits erneut in die großen Heilstaten Jahwes eingereiht.

13 Die Stimmung im assyrischen Führerkorps ist zunächst voll höhnischer Siegesgewißheit. In kunstvoller Spannung steigert sich die Darstellung bis hin zum Verhalten der zentralen Gestalt des Bagoas. 14–16 Er begibt sich in das innere Zelt, zieht schließlich die Vorhänge auseinander, wird Zeuge des entsetzlichen Geschehens und bricht gegen alle Erwartung in die üblichen lauten und heftigen Trauergebärden aus.

17f Weil er feststellen muß, daß Judit verschwunden ist, wird ihm vollends klar, was vorgefallen ist. Das Schicksal der Dina $9^2$, vgl. Gen $34^2$, das Holofernes der Judit zugedacht hatte, ihr aber nicht zufügen konnte, ereilte in Wirklichkeit im entehrenden Tod des Holofernes das Haus Nebukadnezzars selbst. 19 Die Kunde von dem Ereignis bewirkt einen völligen Stimmungsumschlag beim assyrischen Offizierskorps. Schwer verständlich mutet es eigentlich an, daß nicht wenigstens einer der Heerführer einen klaren kühlen Kopf behält und sich mit der assyrischen Übermacht dem kleinen Häuflein der Juden entgegenwirft. Waren doch nur wenige Offiziere zum Mahl des Holofernes geladen. Es handelt sich bei dieser theologisch überhöhten Schilderung wohl um die Aufnahme des aus dem Heiligen Krieg bekannten Jahweschreckens Ex $15^{14ff}$ $23^{27}$ Jos $2^{24}$ $5^1$ Ri $4^{15}$ 1 Sam $5^{11}$, wonach Gott selbst die Widerstandskraft des Gegners völlig erlah-

zerrissen die Führer des assyrischen Heeres ihre Kleider; tiefe Bestürzung ergriff sie, und ihr Klagegeschrei schallte laut durch das Lager.

### *Die Flucht der Assyrer:* 15[1–7]

15[1] Als die Männer in den Zelten hörten, was geschehen war, packte
sie das Entsetzen. [2] Furcht und Schrecken überfiel sie, und keiner
wollte mehr bei dem andern bleiben. Sie stoben auseinander und liefen auf allen Wegen in der Ebene und im Gebirge davon. [3] Auch die,
die auf den Berghöhen rings um Betulia ihr Lager hatten, wandten
sich zur Flucht. Nun aber machten sich die wehrfähigen Israeliten
über sie her. [4] Usija schickte Boten nach Betomestajim, Bebai, Choba
und Kola sowie in das ganze übrige Land Israel. Sie berichteten, was
sich zugetragen hatte, und forderten die Bevölkerung auf, sich ebenfalls auf die Feinde zu stürzen und sie zu vernichten. [5] Sobald die Israeliten das hörten, fielen sie einmütig über die Feinde her, verfolgten
sie bis nach Choba und schlugen sie nieder. Auch die Bewohner Jerusalems und des ganzen Berglandes fanden sich ein; denn man hatte
ihnen gemeldet, was mit dem Heer ihrer Feinde geschehen war. Die

men läßt. Der Erzähler gestaltet seinen Bericht insgesamt nach dem Grundgesetz der lex talionis. Die jetzige Not der Assyrer korrespondiert der Not der von den Assyrern bedrängten Israeliten, vgl. 4[9–15] 7[19–32].
15[1f] Der Schrecken der assyrischen Führer steigert sich beim ganzen Heer zu wilder Panik, die den Zusammenhalt jeder Formation auflöst. Die verheerende Wirkung des Ausfalls des Oberfeldherrn hat ihr geschichtliches Analogon und vielleicht ihr Vorbild in den katastrophalen Folgen der Flucht des Perserkönigs Darius III. in den Schlachten von Issos (333) und Gaugamela-Arbela (331). [3] Die aufgelöste Flucht des Feindes macht begreiflicherweise eine Verfolgung in geschlossener Formation unmöglich. Wie die Feinde bar jeder Ordnung fliehen, so machen sich die verfolgenden Israeliten aus spontanem Antrieb und eigenständig über sie her. [4] Zu Betomestajim vgl. 4[6]; Bebai ist unbekannt. Kola könnte Verschreibung von Koda sein = Bet Kad, das im Gilboa-Gebirge auf dem Weg von Jenin nach Besan liegt. Die Verfolgung des Feindes und seine Vernichtung gehören zu der in der Frühzeit Israels praktizierten Einrichtung des Heiligen Krieges. Die hier geschilderten Ereignisse tragen gelegentlich den Namen »Bann« (*ḥeræm*). Damit meint man eine »religiöse Handlung, durch welche die Feinde (bisweilen auch die Beute) Gott geweiht werden. ... Sie sind damit jedem menschlichen Gebrauch entzogen und der Vernichtung verfallen« (THAT I, 638; vgl. ThWAT III, 192–213). [5] Choba ist wohl mit dem Gen 14[15] erwähnten Ort identisch, der nördlich von Damaskus liegt. Man setzt es jetzt meist mit der in den Amarnabriefen genannten Landschaft Ube bei Damaskus gleich. Der Ausdruck »in die Flanke fallen« ist durchaus zutreffend. Denkt man sich, wie es sich nahelegt, als Fluchtlinie des assyrischen Heeres die Strecke Betulia – Skythopolis – Da-

Bewohner von Gilead und Galiläa fielen den Assyrern in die Flanke.
Sie fügten ihnen schwere Verluste zu, bis sie über das Gebiet von Da-
maskus hinaus waren. 6 Die zurückgebliebenen Einwohner von Betu-
lia machten sich über das Lager der Assyrer her, plünderten es und
verschafften sich großen Reichtum. 7 Was übrigblieb, nahmen die Is-
raeliten an sich, als sie von der Verfolgung zurückkehrten. Auch die
Dörfer und Gehöfte im Bergland und in der Ebene machten große
Beute; denn es gab davon eine unermeßliche Menge.

### *Der Jubel über Judit:* $15^{8-14}$

8 Der Hohepriester Jojakim und der Ältestenrat von Israel, die in Je-
rusalem wohnten, kamen herbei, um die rettende Tat zu sehen, die
der Herr für Israel getan hatte, aber auch um Judit aufzusuchen und
sie zu beglückwünschen. 9 Sie traten bei ihr ein, lobten sie wie aus
einem Mund und sagten zu ihr: Du bist der Ruhm Jerusalems, du bist
die große Freude Israels und der Stolz unseres Volkes. 10 Mit deiner
Hand hast du das alles getan, du hast segensreiche Taten für Israel
vollbracht, und Gott hat daran Gefallen gehabt. Sei gesegnet vom

$15^9$ Der Stolz, so Hss, La, S, Vg; G: der große Stolz.

maskus usw., so müssen Verfolger, die aus dem Raum von Gilead und Galiläa kommen, tatsächlich in die Flanke des assyrischen Heeres stoßen. Unter Umständen können sie die Fluchtlinie sogar früher als die Spitze der Fliehenden erreichen, also die Assyrer tatsächlich überflügeln und sie durch diese Taktik umzingeln. In der Ausdehnung der Verfolgung wird nicht nur das Ausmaß der assyrischen Niederlage deutlich, sondern es wird auch das gesamte Heilige Land in den idealen, von David und Salomo erreichten und festgelegten Grenzen von den gottfeindlichen Gegnern gesäubert.

6f Reiche Beute gehört zur Vollständigkeit des Sieges; in der Plünderung des assyrischen Lagers ist vor allem die Gottesstrafe an Nebukadnezzar und Holofernes zu sehen. Was sie ihren Feinden zudachten und antaten, geschieht nun an der assyrischen Streitmacht selbst, vgl. $1^{14}$ $9^4$.

8–10 Wie $9^{8-14}$ $13^{11.14}$ wird auch hier Gott als der eigentliche Retter seines Volkes bezeichnet. »Ruhm Jerusalems« und »Freude Israels« als Ehrennamen für Judit weisen auf den Segenswunsch des Usija $10^8$ zurück. Im Segenswunsch des Hohenpriesters und der Ältesten wird die Rettungstat auf Jerusalem und damit auf das ganze Gelobte Land bezogen, Judit folglich als Repräsentantin des gesamten Gottesvolkes gepriesen. Darin wird der parabolische Charakter der Darstellung und die Aussageintention des Buches deutlich. »Mit deiner Hand« erinnert an den Einsatz von Judits eigenem Leben bei ihrer rettenden Tat. 11 Diese, vielleicht nachgetragene Bemerkung über die dreißigtägige Plünderung des feindlichen Lagers läßt noch einmal die Größe des Sieges deutlich werden. Die Zuteilung des Zeltes des Holofernes mit seiner gesamten Ausstattung an die Heldin schließt die öffentliche Ehrung der Judit ab.

Herrn, dem Allmächtigen, für ewige Zeiten. Und alles Volk rief:
Amen.
11 Dreißig Tage lang plünderte die Menge das feindliche Lager. Man
schenkte Judit das Zelt des Holofernes, alle seine silbernen Geräte,
die Ruhebetten, die Gefäße und alle übrigen Einrichtungsgegen-
stände. Sie nahm ihren Anteil an der Beute und packte ihn auf ihr
Maultier; auch ihre Wagen ließ sie anspannen und verstaute die
Beute darauf.
12 Alle Frauen in Israel eilten herbei, um Judit zu sehen, und sangen
ihr Lob. Als sie sich ihr zu Ehren zu einem Festreigen aufstellten,
nahm Judit belaubte Zweige in die Hand und gab auch den umste-
henden Frauen davon. 13 Sie und ihre Begleiterinnen setzten sich
Kränze von Ölzweigen auf, und so ging sie vor dem ganzen Volk her
und führte den Festreigen der Frauen an. Ihr folgten alle Männer von
Israel in Waffen und mit Kränzen geschmückt. Von allen Lippen er-
tönten Loblieder. 14 Judit aber stimmte im Beisein von ganz Israel das
folgende Danklied an, und alles Volk sang den Lobpreis mit, im
Wechsel mit ihr.

### *Judits Lobgesang:* $16^{1-17}$

16 1 Judit sang:
Stimmt ein Lied an für meinen Gott unter Paukenschall, Ps $150^{4}$
singt für den Herrn unter Zimbelklang!

Der letzte Teil von 11 blickt bereits auf den Siegeszug nach Jerusalem voraus. Judit selbst bereichert sich im Gegensatz zum Verhalten des Volkes nicht an der Beute, vgl. $16^{19}$, sie hält sich streng an das alte Banngebot. Nach 12f wird sie durch die Ehrung in den Kreis der großen Rettergestalten der Frühzeit Israels eingereiht, vgl. Ex $15^{20f}$ Ri $11^{34}$ 1 Sam $18^{6}$ Jer $31^{1-14}$. Bei ihrer Ehrung spielen vor allem die Frauen eine besondere Rolle, denn die rettende Tat geschah durch eine aus ihrem Kreis. Judit handelt wie eine zweite Mirjam als Chorführerin der israelitischen Frauen, die den Sieg Jahwes über den Pharao feiern. Auch durch diesen Zug wird der Sieg über Holofernes in Beziehung zur richtungweisenden Rettungstat Gottes an seinem Volk beim Auszug aus Ägpyten gesetzt, vgl. Ex $15^{20f}$.

Belaubte Zweige bezeichnen in G eigentlich die im Kult des Dionysos üblichen mit Efeu und Weinlaub umkränzten Stäbe; der Ausdruck wird jedoch hier und 2 Makk $10^{7}$ offensichtlich in einem weiteren Sinn verwendet. Auch die Bekränzung mit Ölzweigen ist vornehmlich griechische Sittte. Ähnliche Festzüge und Wallfahrten wie beispielsweise zum islamischen Nebi Musa – Heiligtum des Mose in der Wüste Juda zwischen Jerusalem und Jericho – kennt man bis heute noch in Palästina. Das Lob zu Ehren der Retterin springt auf die Männer Israels über und umfaßt so das ganze Volk.

16 Ähnlich wie es Ex 15 Ri 5 Tob 13 geschieht, wird die große Rettungstat Gottes durch Judit zusammengefaßt und im hymnischen Loblied auf Jahwe zurückgewendet. In seinen Motiven ist 16 von dorther, aber

Preist ihn, und singt sein Lob,
rühmt seinen Namen, und ruft ihn an!
2 Denn der Herr ist ein Gott,
Ps 46[10] der den Kriegen ein Ende setzt;
er führte mich heim in sein Lager inmitten des Volkes
und rettete mich aus der Gewalt der Feinde.
3 Assur kam von den Bergen des Nordens
mit seiner unzählbaren Streitmacht;
die Masse der Truppen verstopfte die Täler,
sein Reiterheer bedeckte die Hügel.
4 Brandschatzen wollten sie mein Gebiet,
die Jugend morden mit scharfem Schwert,
den zarten Säugling am Boden zerschmettern,
die Kinder als Beute verschleppen,
als billigen Raub die Mädchen entführen.
5 Doch der Herr, der Allmächtige, gab sie preis,

16[2] Feinde, wörtlich: Verfolger.
16[4] Gebiet, Hs B Berge (ὄρη statt ὅρια), vgl. 1[5].
16[5] Wörtlich: Der Herr, der Allherrscher, machte sie zunichte durch die Hand einer Frau.

auch von manchen Psalmen beeinflußt, die dem Verfasser von Jdt bestens vertraut sind und die er anthologisch in einen neuen Hymnus integriert. [1–12] stellen ein erzählendes Loblied dar; [13–17] beleuchten das rettende Geschehen unter universalen Aspekten des schöpferischen und heilsgeschichtlichen Handelns Gottes. G. v. Rad, Weisheit in Israel (Neukirchen 1970, S. 330) meint dazu: »Man wandelt hier durch die Geschichte wie durch die Säle einer Ruhmeshalle... Der Hymnus feiert ausführlich Judit und ihre Tat (V 6–11) und ist doch ein Jahwe-Hymnus. Wenn irgendwo, so liegt hier die Annahme einer Beeinflussung durch hellenistisches Denken nahe. Aber was ist damit gesagt? Offenbar dies, daß sich Israel in dieser geistigen Begegnung ein neuer Aspekt der Menschenbetrachtung eröffnet hat.«
[1] Wie viele Psalmen beginnt 16 mit der absoluten Aufforderung zum Lob Gottes. [2] Daß Gott den Kriegen ein Ende setzt, nimmt Vorstellungen von 9[7] auf und drückt den Grundakkord des Hymnus aus. Mit Lager deutet der Dichter auf Betulia hin und überträgt folglich Gedanken der Jahwekriegsvorstellung, oder er denkt vergleichbar wie Dtn 23[15] 2 Chr 31[2] an den Tempel als das Lager Jahwes. Die Schilderung gleicht der Darstellung der Exodusüberlieferung, vgl. Ex 14[4.8f.23] 15[9].
[3] »Feind aus dem Norden« kennzeichnet in vorexilischer Zeit die Jahrhunderte andauernde assyrisch-babylonische Bedrohung; sie wird später zum Topos für die Gefahr schlechthin, die Israel bedroht, vgl. 2 Kön 19[23] Jer 1[13–15] Ez 38[6–15] 39[2] Joël 2[20]. Mit »Bergen des Nordens« wird die Erinnerung an Jes 14[13] wachgerufen und das Unternehmen des Nebukadnezzar als widergöttliche Hybris qualifiziert. [4f] Brandschatzen des Gebiets ist ein Akt des göttlichen Gerichts, vgl. Dtn 32[22] Ps 83[15]. Daß Assur diese Absicht hat,

er gab sie der Vernichtung preis
durch die Hand einer Frau.
6 Ihr Held fiel nicht durch die Kraft junger Männer,
nicht Söhne von Riesen erschlugen ihn,
noch traten ihm hohe Recken entgegen.
Nein, Judit, Meraris Tochter,
bannte seine Macht mit dem Reiz ihrer Schönheit.
7 Sie legte ihr Witwengewand ab,
um den Bedrängten in Israel zu helfen.
Sie salbte ihr Gesicht mit duftendem Öl,
8 sie schmückte ihre Haare mit einem Diadem
und zog ein Leinenkleid an, um ihn zu verführen.
9 Ihre Sandalen bezauberten sein Auge.
So schlug ihre Schönheit sein Herz in Bann.
Das Schwert traf seinen Nacken mit Wucht.
10 Die Perser erschraken vor ihrer Kühnheit,
die Meder erstarrten vor ihrem Mut.
11 Jubel erfüllte mein armes Volk –
sie aber gerieten in Schrecken.
Die Meinen waren schwach –
sie aber packte Entsetzen.
Die einen stimmten den Schlachtruf an –
die anderen ergriffen die Flucht.

beleuchtet seinen Hochmut; es will sich an die Stelle Gottes setzen 3⁸ 6². Solch vermeintlich unbesiegbarer Macht und diesem Dünkel steht einzig Judit, das Werkzeug Gottes, gegenüber. ⁶ Judits Tat wird mit dem David-Goliat-Geschehen 1 Sam 17 verglichen. Eine Niederlage durch junge kampferprobte Männer oder durch Riesen wäre ehrenvoll für Holofernes gewesen. Doch er wurde das Opfer einer wehrlosen Frau, die nur ihre Schönheit als Waffe gegen ihn einsetzte. Mit diesem Kontrast desillusioniert der Dichter den Nimbus, Gott zu sein, mit dem Nebukadnezzar sich umgibt und als dessen Herold Holofernes auftritt, vollends. ⁷⁻⁹ Nur von der berückenden Erscheinung Judits ist die Rede; an ihr täuschendes Wort wird nicht gedacht. Daß ausschließlich ihre weiblichen Reize dem Holofernes den Tod brachten, so daß seine ganze ihm zur Verfügung stehende Heeresmacht nutz- und sinnlos wird, wird betont herausgestellt.
¹⁰ Es mutet auffällig an, daß ³ als Gegner Israels Assur, hier dagegen die Perser und Meder genannt werden. Folglich dürfte es kaum möglich sein, daß der Verfasser des Lobliedes an bestimmte historische Ereignisse aus der Zeit des Perserreiches oder aus früherer Zeit denkt. Vielmehr weist die anachronistische Verbindung der bekannten Völkernamen darauf hin, daß es ihm weniger um ein bestimmtes geschichtliches Ereignis zu tun ist, als darum, das Rettungsgeschehen als eine überzeitliche Konzentration der gesamten Geschichte Israels, einzigartig von Gott gewirkt, hinzustellen und hervorzuheben. ¹¹ In der zweiten Hälfte der drei Glieder von ¹¹ sind je die Perser und Meder Subjekt. Plötzlicher Subjektswechsel ist in

12 Erbärmliches Volk! Man stieß sie nieder
und schlug sie nieder wie Kinder von Ehebrecherinnen;
sie kamen um durch das Heer meines Herrn.
Ps $33^{3}$ $96^{1}$ 13 Ich singe meinem Gott ein neues Lied;
$144^{9}$ Jes $42^{10}$ Herr, du bist groß und voll Herrlichkeit.
Wunderbar bist du in deiner Stärke,
keiner kann dich übertreffen.
14 Dienen muß dir deine ganze Schöpfung.
Denn du hast gesprochen, und alles entstand.
Du sandtest deinen Geist, um den Bau zu vollenden.
Kein Mensch kann deinem Wort widerstehen.
15 Meere und Berge erbeben in ihrem Grund,
vor dir zerschmelzen die Felsen wie Wachs.
Doch wer dich fürchtet, der erfährt deine Gnade.
16 Zu gering ist jedes Opfer, um dich zu erfreuen,
alle Fettstücke sind nichts beim Opfer für dich.
Wer den Herrn fürchtet, der ist groß für immer.
17 Doch weh den Völkern, die mein Volk bekämpfen.

$16^{12}$ Wörtlich: »Söhne von Mädchen durchbohrten sie; wie entlaufene Sklaven stieß man sie nieder«. – EÜ deutet den Text nach 1 Sam $20^{30}$ G, wo Saul den David beschimpft: Du Sohn entlaufener Mädchen, versteht »entlaufen« im Sinn von »ehebrecherisch«, übersetzt παίδας »Sklaven« mit »Kinder« und gibt υἱοὶ κορασίων »Söhne von Mädchen« mit »erbärmliches Volk« wieder. Siehe Haag S. 58.

$16^{14}$ Um ... vollenden, wörtlich: und er erbaute.

$16^{17}$ Gebein, wörtlich: Fleisch.

den poetischen Texten des AT öfter zu beobachten. 12 dürfte sich in wörtlicher Übersetzung (s. Textanmerkung) auf 6 zurückbeziehen: Die feindliche Streitmacht samt ihrem Anführer zu vernichten, bedurfte es nicht der Riesen und Recken. Söhne von Mädchen, gemeint sind wohl kleine Kinder, also schwache Menschen wurden über sie Herr. Nach der Deutung von EÜ bezieht sich 12 auf das Heer der Feinde, die man ausrottete. 13 Das Signalwort vom neuen Lied kennzeichnet den Übergang zum zweiten universalgeschichtlichen Teil des Hymnus. Selten wie hier, wird Gott als der Wunderbare und Unübertreffliche gefeiert. 14 Als Beweis für seine unerreichbare Größe dient die Schöpfungstat. Durch Gottes Wort ist die Schöpfung entstanden, seinem Befehl gehorcht sie, vgl. Ps $33^{6}$. Zu Gottes Geist als dem gestaltenden Prinzip der Schöpfung, vgl. Ps $104^{30}$! 15 Berge wanken und Felsen zerschmelzen, wenn Gott zum Gericht erscheint, vgl. Ps $97^{5}$ Mi $1^{4}$. Die einzige Haltung, die den Menschen vor Gott überhaupt bestehen läßt, ist die Gottesfurcht. Sie besagt, daß der Mensch sich unter das Königtum Gottes zu stellen hat, ihn in angemessenem Abstand fürchtet, zugleich aber, von ihm angezogen, ihn ehrt. 16 Gottesfurcht geht jedem Opfer voran und übertrifft es, vgl. 1 Sam $15^{22}$ Jes $1^{10-17}$ Hos $6^{6f}$ Mi $6^{6-8}$. 17 Der Wehruf wider die Völker wendet den Gedanken von 6–12 ins Allgemeine und weitet ihn mit dem Hinweis auf den Tag des Gerichts zu-

Am Tag des Gerichts straft sie der allmächtige Herr,
er schickt Feuer und Würmer in ihr Gebein; Jes $66^{24}$
in Ewigkeit sollen sie heulen vor Schmerz.

### *Das Siegesfest in Jerusalem:* $16^{18-20}$

18 Als sie nach Jerusalem gekommen waren, warfen sie sich vor Gott
zum Gebet nieder. Die Leute reinigten sich und brachten ihre Brand-
opfer, ihre freiwilligen Opfer und ihre sonstigen Gaben dar. 19 Judit
stiftete dem Heiligtum alles, was ihr das Volk aus der Beute des Ho-
lofernes überlassen hatte. Auch das Mückennetz, das sie aus seinem
Schlafgemach mitgenommen hatte, schenkte sie Gott als Weihegabe.
20 Drei Monate lang feierte das Volk vor dem Heiligtum in Jerusalem
ein Freudenfest, und Judit blieb bei ihnen.

$16^{19}$ Dem Heiligtum: sinngemäß eingefügt.

dem ins Eschatologische aus. Das Bild vom Feuer und Wurm stammt aus Jes $66^{24}$; dort ist es ebenfalls eschatologisch verwendet; es wird Mk $9^{44}$ übernommen. Die verallgemeinernde Form, mit der das Bild aus Jes $66^{24}$ gebraucht wird, wie auch der feste Glaube an Gott als den Herrn der Geschichte entheben das Lied jeder konkreten Situation und machen es zu einer allgemeingültigen überzeitlichen Aussage über das Gericht Gottes zu jeder Zeit und zugleich über das ausstehende Endgericht. Nach Inhalt und Form steht das Siegeslied der Judit als ganzes den besten atl Gesängen dieser Art würdig zur Seite.

18 Schon das Meerlied Ex 15 findet 17 seinen Ziel- und Höhepunkt in Jerusalem. Das entspricht einem durchgängigen Leitmotiv in Jdt. Die im Krieg unvermeidliche Tötung von Menschen und die Berührung von Leichen machten die Kämpfer unrein. Auch die Kriegsbeute gilt als befleckt. Daher wird die Notwendigkeit der kultischen Reinigung verständlich, vgl. Num $31^{19-24}$. 19 Mit Weihegabe meint der Text das sonst geläufige Banngut. Holofernes und sein Heer trifft der Bann in der Vernichtung ihres Lebens. Den Besitz der Feinde bringt man dem Heiligtum als Gabe dar, vgl. Jos $6^{19}$. Das Schwert des Goliat im Heiligtum zu Nob war ein solches Weihegeschenk 1 Sam $21^{10}$. Die Weihegabe der Judit ist zudem ein erneuter Beweis ihrer Frömmigkeit und Selbstlosigkeit. »Durch die Weihe dieser kostbaren Siegestrophäen wird Jahwe als der eigentliche Retter des Volkes geehrt« (Haag, S. 59). 20 Zu der dreimonatigen Feier vgl. $1^{16}$! Rechnet man die 30 Tage der Plünderung $15^{11}$ hinzu, ergibt das eine Gesamtdauer von 120 Tagen, die dem 120tägigen Fest des Nebukadnezzar entspricht. Wenn man die 30tägige Belagerungszeit Betulias $7^{20.30}$ $12^{10}$ von der Mitte des dritten Monats (Siwan = Juni) ab rechnet, so ist der Sieg am Anfang des fünften Monats (Ab) anzusetzen. Die Feier dauert also bis Ende des siebten Monats (Tišri), fällt somit in die stille Zeit der palästinischen Landwirtschaft. Doch dürfte die verhältnismäßig lange Festzeit kaum den historischen Gegebenheiten entsprechen. Es liegt eher eine schematisch überhöhte Zeitangabe vor, die die Bedeutung der Feier und damit das außergewöhnliche Rettungsgeschehen durch Gott unterstreichen soll.

## *Die letzten Jahre Judits:* $16^{21-25}$

21 Nach Ablauf dieser Zeit kehrte jeder in seinen Erbbesitz zurück.
Judit ging nach Betulia und blieb auf ihrem Anwesen. Solange sie
lebte, war sie im ganzen Land hochgerühmt. 22 Viele hätten sie gern
zur Frau gehabt; aber seit ihr Gatte Manasse gestorben und zu seinen
Vätern gerufen war, durfte kein Mann sie mehr berühren, ihr Leben
lang. 23 Sie erlebte ein sehr hohes Alter und wurde im Haus ihres
Mannes hundertfünf Jahre alt. Ihrer Dienerin schenkte sie die Frei-
heit. Sie starb in Betulia, und man bestattete sie in der Grabhöhle
ihres Gatten Manasse. 24 Das Haus Israel betrauerte sie sieben Tage
lang. Vor ihrem Tod hatte sie noch ihren Besitz an alle Verwandten
ihres Gatten Manasse und an die Angehörigen ihrer eigenen Familie
verteilt. 25 Niemand aber wagte mehr, die Israeliten zu beunruhigen,
solange Judit lebte, und auch noch lange Zeit nach ihrem Tod.

$16^{22}$ Durfte sie mehr berühren, wörtlich: erkannte sie.

21 Auch das Wort vom Erbbesitz gehört zu den theologischen Leitworten des Buches $4^{12}$ $8^{22}$ $9^{12}$ $13^{5}$ $16^{21}$ und betont die besondere Beziehung Jahwes zum Gelobten Land. Der Besitz ihres Mannes, dessen sich schon die noch unbekannte Witwe Judit erfreut hatte, bleibt der hochgerühmten Heldin erst recht erhalten. 22 Auch in Zukunft hält sie ihrem verstorbenen Mann die Treue, so sehr sie auch umworben wird. 23 Nach der Auffassung des Verfassers liegt in dem hohen Lebensalter eine Belohnung für die Gesetzestreue der Judit, vgl. Ex $20^{12}$ Dtn $4^{40}$ $5^{16}$ $6^{2}$ $17^{20}$. Die Freilassung ihrer Dienerin, der Gefährtin ihrer Rettungstat, zeugt von ihrem Respekt vor der Menschenwürde auch der Angehörigen der niederen sozialen Schicht. – Zum Begräbnis an der Seite ihres Gatten vgl. Gen $49^{29-32}$ Tob $4^{4}$ $14^{12}$! 24 Siebentägige Trauerfeier wird nach Gen $50^{10}$ für Jakob, nach 1 Sam $31^{13}$ für Saul und seine Söhne gehalten; in Sir $22^{12}$ ist sie allgemeiner Brauch geworden. Das Besondere hier jedoch ist, daß sich ganz Israel an der Trauerfeier für Judit beteiligt. – Die Verteilung des Besitzes der Judit an die Verwandten des Mannes entspricht der Vorschrift von Num $27^{11}$. Daß sie zudem auch die eigene Familie berücksichtigt, geht über diese Anweisung hinaus. Da es sich eigentlich jedoch um eine Schenkung zur Lebenszeit handelt, widerspricht ihre Handlungsweise nicht der erwähnten Vorschrift von Num $27^{11}$. Weil Judit wie ihr Mann dem Stamm Simeon angehört, bleibt der gesamte Besitz auf diese Weise dem gleichen Stamm erhalten.

25 Judit erfährt den Segen, der Ps $128^{6}$ den Gottesfürchtigen gewünscht wird: »Heil über Israel!« Darin ist auch der äußere Friede eingeschlossen. 25 erinnert an die stereotype Formel Ri $3^{11-30}$ $5^{31}$, wonach Israel nach der Rettungstat Jahwes für längere Zeit Ruhe hatte, was als ein besonderes Heilsgut Gottes angesehen wird. Das stellt die Ereignisse von Jdt erneut in Zusammenhang mit den großen Rettungstaten Gottes in der ruhmreichen Vergangenheit des Volkes und beweist, daß Gott die gesamte Geschichte seines Volkes bis in die je neue Gegenwart plant und zu dem von ihm in Aussicht genommenen Ziel hinlenkt.

# ABKÜRZUNGEN

| | |
|---|---|
| Aq | Aquila |
| AT | Altes Testament |
| atl | alttestamentlich |
| chr/chron | chronistisch |
| D | Deuteronomist |
| diff | im Unterschied zu |
| dtn | deuteronomisch |
| dtr | deuteronomistisch |
| Dtr | Deuteronomistisches Geschichtswerk |
| DtrH | historischer Deuteronomist |
| DtrN | nomistischer Deuteronomist |
| DtrP | prophetischer Deuteronomist |
| E | Elohist |
| EÜ | Einheitsübersetzung |
| G | Septuaginta |
| H | hebräischer Text |
| HG | Heiligkeitsgesetz |
| Hier | Hieronymus |
| Hs(s) | Handschrift(en) |
| J | Jahwist |
| Je | Jehowist |
| korr | korrigiert |
| La | Vetus Latina |
| M | Masoretischer Text |
| Mur | Murabba$^{c}$at |
| NT | Neues Testament |
| ntl | neutestamentlich |
| P | Priesterschrift |
| Par | Parallele |
| par | parallele Stellen |
| Pg | Priesterschrift, Grundschicht |
| Pt | Pentateuch |
| Q | Qumran-Hss |
| R | Redaktor |
| S | Syrische Übersetzung |
| Sm | Pt der Samaritaner |
| Sym | Symmachus |
| T | Targum |
| Th | Theodotion |
| V | Vers |
| VV | Verse |
| Vg | Vulgata |
| NVg | Neo-Vulgata |
| Übs(s) | Übersetzung(en) |

( ) erklärender Zusatz des Übersetzers
[ ] unechter Text bzw. alte Zusätze

*Umschrift der hebräischen Lautzeichen*

| | |
|---|---|
| Aleph | ' |
| Bet | b |
| Gimel | g |
| Dalet | d |
| He | h |
| Waw | w |
| Zajin | z |
| Chet | ḥ |
| Tet | ṭ |
| Jod | j |
| Kaph | k |
| Lamed | l |
| Mem | m |
| Nun | n |
| Samek | s |
| Ajin | ' |
| Pe | p bzw. f |
| Sade | ṣ |
| Qoph | q |
| Resch | r |
| Sin | ś |
| Schin | š |
| Taw | t |
| Qames | ā |
| Patach | a |
| Sere | e, ē |
| Segol | æ |
| Chireq | i, ī |
| Cholem | o, ō |
| Qames chatuph | ò |
| Schureq | ū |
| Qibbus | u |
| Sch$^{e}$wa mobile | e (hochgestellt) |
| Chateph | a, æ, o (hochgestellt) |

Bei Randverweisen am Bibeltext:

| | |
|---|---|
| ‖ | zeigt Parallelstellen an |
| + | gibt die Grundstelle oder Stellen an, wo wichtige Begriffe erläutert werden. |
| ↗ | verweist auf abhängige, insbesondere ntl Stellen. |

*Handbücher, Sammelwerke, Zeitschriften*

| | |
|---|---|
| AfO | Archiv für Orientforschung |
| AJBI | Annual of the Japanese Biblical Institute |
| AnBib | Analecta biblica |
| AncB | Anchor bible |
| ANEP | Ancient Near East in pictures relating to the OT |
| ANET | Ancient Near Eastern texts relating to the OT |
| AOB | Altorientalische Bilder zum AT |
| AOAT | Alter Orient und AT |
| AOT | Altorientalische Texte zum AT |
| APOT | Apocrypha and pseudepigrapha of the OT in English |
| ATD | Das Alte Testament Deutsch |
| AThANT | Abhandlungen zur Theologie des AT und NT |
| ATSAT | Arbeiten zu Text und Sprache des AT |
| AzTh | Arbeiten zur Theologie |
| BA | Biblical archaeologist |
| BAC | Biblioteca de autores cristianos |
| BAT | Die Botschaft des Alten Testaments |
| BASOR | Bulletin of the American Schools of Oriental Research |
| BBB | Bonner biblische Beiträge |
| BBC | Broadman bible commentary London |
| BET | Beiträge zur biblischen Exegese und Theologie |
| BC | Biblischer Commentar über das AT |
| BEThL | Bibliotheca ephemeridum theologicarum Lovaniensium |
| BEvTh | Beiträge zur evangelischen Theologie |
| BHBib | Bibliotheca hispana biblica |
| BhG | Bibelhilfe für die Gemeinde |
| BHTh | Beiträge zur historischen Theologie |
| Bib | Biblica |
| Bib Li | Biblia e Liturgia |
| BibOr | Biblica et orientalia |
| BibTh | Biblical theology |
| BiJer | La Bible de Jérusalem |
| BiKi | Bibel und Kirche |
| BiNo | Biblische Notizen |
| Bi OR (P) | Bibliothè Orientale. Paris |
| BJRL | Bulletin of the John Rylands library |
| BK | Biblischer Kommentar |
| BOT | Boeken van het OT |
| BS | Bibliotheca sacra |
| BSt | Biblische Studien |
| BVC | Bible et vie chrétienne |
| BWANT | Beiträge zur Wissenschaft des AT und NT |
| BZ | Biblische Zeitschrift |
| BZAW | Beihefte zur Zeitschrift für die alttestamentliche Wissenschaft |
| CAT | Commentaire de l'Ancien Testament |
| CBC | Cambridge bible commentary |
| CBQ | Catholic biblical quarterly |
| CNEB | Cambridge bible commentary, on the New English Bible |
| ConBib | Connaître la bible |
| Conc | Concilium |
| COT | Commentaar op het OT |
| CP | Classical philology |
| CSS | Cursus scripturae sacrae |
| CTA | Herdner, A.: Corpus des tablettes en cunéiformes alphabétiques découvertes à Ras Shamra – Ugarit de 1929–1939 |
| CTM | Concordia theological monthly |
| DBS | Dictionnaire de la bible, Supplément |

| | |
|---|---|
| EB | Die Heilige Schrift in deutscher Übersetzung. »Echter Bibel« |
| EBiC | Everyman's bible commentary |
| EdF | Erträge der Forschung |
| EHAT | Exegetisches Handbuch zum AT |
| EHS | Einleitung in die Heilige Schrift |
| EHS.T | Europäische Hochschulschriften. Reihe 23 : Theologie |
| EJ | Encyclopaedia Judaica |
| EPC | Epworth preachers commentaries |
| ESt | Eichstätter Studien |
| EtB | Etudes bibliques |
| EThL | Ephemerides theologicae Lovanienses |
| ET(h)R | Études théologiques et religieuses |
| EThSt | Erfurter theologische Studien |
| EvErz | Evangelische Erziehung |
| EvTh | Evangelische Theologie |
| ExBib | Exempla biblica |
| FRLANT | Forschungen zur Religion und Literatur des AT und NT |
| FThSt | Freiburger theologische Studien |
| FzB | Forschung zur Bibel |
| GeiS | Geistliche Schriftlesung |
| GTA | Göttinger Theologische Arbeiten |
| HAT | Handbuch zum AT |
| HBK | Herders Bibelkommentar |
| HK | Handkommentar zum AT |
| HSAT | Die Hl. Schrift des AT, hrsg. v. Franz Feldmann, Heinrich Herkenne |
| HSM | Harvard Semitic monographs |
| HThR | Harvard theological review |
| HUCA | Hebrew union college annual |
| ICC | International critical commentary of the Holy Scriptures |
| IEJ | Israel exploration journal |
| IntB | Interpreter's bible |
| Interp | Interpretation |
| IOVC | Interpreter's one volume commentary on the bible |
| JBL | Journal of biblical literature |
| JLW | Jahrbuch für Liturgiewissenschaft |
| JQR | Jewisch quarterly review |
| JSHRZ | Jüdische Schriften aus hellenistisch-römischer Zeit |
| JSJ | Journal for the study of Judaism |
| JSOT | Journal for the study of the OT |
| JThS | Journal of theological studies |
| KAI | Kanaanäische und aramäische Inschriften |
| Kairos | Kairos |
| KAT | Kommentar zum AT |
| KatBl | Katechetische Blätter |
| KBL | Köhler, L., u. Baumgartner, W., Lexicon in Veteris Testamenti libros |
| KEH | Kurzgefaßtes exegetisches Handbuch |
| KHC | Kurzer Hand-Commentar zum AT |
| KK | Kurzgefaßter Kommentar zu den Heiligen Schriften AT und NT |
| KKHS | Kleinkommentare zur Heiligen Schrift |
| KlBl | Klerus-Blatt |
| KT | Kaiser Traktate |
| LBC | Layman's bible commentary |
| LebW | Das lebendige Wort |
| LebZeug | Lebendiges Zeugnis |
| LeDiv | Lectio Divina |
| MSSOTS | Monograph Series. Society for OT Studies Cambridge |
| MThZ | Münchener theologische Zeitschrift |
| NCeB | New century bible |
| NCeBC | The New Century bible commentary |
| NEB | Die Neue Echter Bibel |
| NICOT | New international commentary of the OT |
| OBL | Orientalia et biblica Lovaniensia |
| OBO | Orbis Biblicus et Orientalis |
| Or | Orientalia |
| OTL | Old Testament library |
| OTS | Oudtestamentische studiën |
| PBiS/OT | Pamphlet Bible Series/ Old Testament |
| PC | Proclamation commentaries |
| PEQ | Palestine exploration quarterly |
| PreOT | Prediking van het OT |
| QuadSem | Quaderni di Semistica |

| | |
|---|---|
| RB | Revue biblique |
| RGG | Religion in Geschichte und Gegenwart |
| RHPhR | Revue d'histoire et de philosophie religieuses |
| RivBib | Rivista biblica |
| RSR | Recherches de science religieuse |
| SacP | Sacra Pagina |
| Sal | Salesianum |
| SAT | Schriften des Alten Testaments in Auswahl |
| SB (F) | Sacra bibbia. Florenz |
| SB (T) | Sacra bibbia. Turin |
| SBB | Stuttgarter biblische Beiträge |
| SBi | Sources bibliques |
| SBL, DissSer | Society of biblical literature, Dissertation Series |
| SBS | Stuttgarter Bibelstudien |
| SBT | Studies in biblical theology |
| SHAW | Sitzungsberichte der Heidelberger Akademie der Wissenschaften |
| SJTh | Scottish journal of theology |
| SKKAT | Stuttgarter Kleiner Kommentar AT |
| SSN | Studia Semitica Neerlandica |
| StANT | Studien zum AT und NT |
| StTh | Studia theologica |
| Tarb | Tarbiz |
| TB | Theologische Bücherei |
| TGI | Textbuch zur Geschichte Israels |
| THAT | Theologisches Handwörterbuch zum AT |
| ThBib | Theologische Bibliothek |
| ThGl | Theologie und Glaube |
| ThLZ | Theologische Literaturzeitung |
| ThPh | Theologie und Philosophie |
| ThQ | Theologische Quartalschrift |
| ThR | Theologische Rundschau |
| ThRv | Theologische Revue |
| ThSt | Theologische Studien |
| ThStKr | Theologische Studien und Kritiken |
| ThV | Theologische Versuche |
| ThViat | Theologia viatorum |
| ThWAT | Theologisches Wörterbuch zum AT |
| ThZ | Theologische Zeitschrift |
| TOTC | Tyndale OT commentaries |
| TRE | Theologische Realenzyklopädie |
| TThSt | Trierer theologische Studien |
| TThZ | Trierer Theologische Zeitschrift |
| UF | Ugarit-Forschungen |
| UUA | Uppsala universitets årsskrift |
| VD | Verbum domini |
| VF | Verkündigung und Forschung |
| VSal. AT | Verbum salutis. Ancien Testament |
| VT | Vetus Testamentum |
| VTS | Vetus Testamentum Supplements |
| WB | Die Welt der Bibel |
| WMANT | Wissenschaftliche Monographien zum AT und NT |
| ZAW | Zeitschrift für die alttestamentliche Wissenschaft |
| ZBK | Zürcher Bibelkommentar |
| ZDMG | Zeitschrift der deutschen morgenländischen Gesellschaft |
| ZDPV | Zeitschrift des Deutschen Palästina-Vereins |
| ZkTh | Zeitschrift für kath. Theologie |
| ZThK | Zeitschrift für Theologie und Kirche |
| ZWTh | Zeitschrift für wissenschaftliche Theologie |